泰山巖巖

刘慧 著

泰山与中华文化

山东人民出版社·济南
国家一级出版社 全国百佳图书出版单位

云起尧观

序

中国封建王朝的帝王，自统一中国的秦始皇开始，到汉武帝、汉光武帝、唐高宗、唐玄宗，再到宋代的真宗皇帝，都曾在五岳之首的泰山举行国家祭祀大典——封禅。其中，汉武帝一生8次登临泰山，明代文人唐肃借汉武帝之口对泰山发出了"高矣，极矣，大矣，特矣，壮矣，赫矣，骇矣，惑矣"的惊叹，面对泰山，我们古人的那种心灵震撼，难以言表！

泰山是一座见证着地球生成演进的山，几十亿年的沧海桑田，形成了今天拔地通天、天路非遥的雄伟气势。

泰山是一座充满历史沧桑感的山，无数王朝的盛世兴衰，多少帝王的祈愿祭拜，云云百姓的虔诚祷告，一幕幕历史的场景都曾经在泰山上演。

泰山承载着中华民族生生不息的精神气概，"轻于鸿毛，重于泰山"是对人生的终极评判，"稳如泰山""国泰民安""泰山安，天下安"表达的是国家安定、天下太平、民生富足的美好愿望。

中华民族五千年的文明历史，华夏大地起承开合的壮丽篇章，都在泰山留下了数不清的历史记忆，使泰山成为一部镌刻在神州大地上的石刻大书，内涵丰富、常读常新，永远不会磨灭。

刘慧先生的新作《泰山岩岩：泰山与中华文化》，是开启泰山这座中华民族精神宝库的钥匙，是阅读泰山这部石刻大书的精准导读。

是为序。

叶　涛

2025年惊蛰于山东大学

自 序

泰山，位于中国山东省中部，巍峨壮观，神圣庄严，是中国首例世界文化与自然双遗产、世界地质公园、国家首批重点风景名胜区、AAAAA级旅游景区，享有"五岳之首""五岳独尊""天下第一山"等美誉。

泰山气势磅礴，以"雄"著称。主峰突兀，山势险峻，造就其拔地通天、直冲霄汉的高峻气势。周边丘陵重峦叠嶂，形成"群峰拱岱"的稳健态势。"重如泰山""稳如泰山""登泰山而小天下"是对泰山形态内涵的精准概括，是人们对泰山最直接的视觉感受及心理体验。

泰山风光壮丽，雄浑中兼有秀美，静穆中透着神奇。苍松巨石，云烟变幻，与巍峨山势交相辉映，使泰山风景魅力无穷。

泰山是一座人文之山。国泰民安是人们内心深处对泰山的美好寄托。历代帝王对泰山都格外尊崇，到泰山祭祀是许多帝王梦寐以求的政治夙愿。文人名士也纷至沓来，留下赞颂泰山的浩繁名篇。"泰山不让土壤"的包容性，使儒、释、道三家在这里各显千秋。泰山在赋予人们精神品格的同时，也丰厚了自身的文化意蕴。遍布山上山下的建筑、石刻，就是泰山文化史的物质载体。历史赋予了泰山特殊的文化地位，形成中华民族的认同感、归属感、向心力和凝聚力。

泰山是一座自然与文化的双重宝库，自然景观与人文杰作完美和谐交融。无论是自然的泰山，还是文化的泰山，处处散发着生命的活力，彰显出不朽的蓬勃朝气。1987年12月11日，在联合国教科文组织世界遗产委员会第11届全体会议上，泰山被正式列入世界遗产名录。

泰山是中国的，也是世界的，其文化与自然财富为人类所共享。

岱宗夫如何

这是一座神圣的大山。

公元前23至前22世纪，在一个春天的早上，开创中华上古文明的舜帝，登上了这座大山，手持火把点燃了堆在山巅的干柴。一股浓烟直冲云霄，随着太阳的冉冉升起，大火愈烧愈旺……这是文明之光。历经几千年薪传，圣火在中国人的心中从来不曾熄灭过。这座大山就是泰山。这一历史片段，被详细地记录在中国最早的一部历史文献《尚书》中："岁二月，东巡守。至于岱宗，柴。"

泰山，由于特殊的地学构造，其主峰——玉皇顶高耸突起，海拔1545米，与山下平原有着1300多米的相对高差，在方圆数百公里的范围内"一山独尊"，给人以"拔地通天"的直观感受。在中国第一部诗歌总集——《诗经》中，就说"泰山岩岩，鲁邦所詹"。"岩岩"，是对泰山体躯雄浑的感受。"鲁邦所詹"，是对泰山之尊的认知。

泰山，在中国人的心目中有着崇高的地位。它是中华民族的精神之山，是中国礼制与尊严的象征，承载了一个民族对和平和谐、国泰民安的希冀。"泰山安则四海皆安"，泰山所坐落的城市——泰安，便是因此而得名并沿用至今。

泰山是中华民族的骄傲，也是全人类的共同财富。1987年12月11日，泰山被正式批准列入世界遗产名录。时任联合国教科文组织总干事的费德里科·马约尔，签署了世界遗产证书：世界遗产委员会将泰山列入世界遗产名录，泰山是全人类共同保护的具有突出和普遍价值的文化和自然遗产。中国成为《保护世界文化和自然遗产公约》缔约国之后，泰山成为中国首例世界文化和自然双遗产。

泰山是一座"大山"，也称"太山"。大山、太山、泰山，都是对这座山的称谓。泰山或曰"岱宗""岱岳"，也均来自于大山之"大"。泰山"以大为尊"，主要还在于它的文化之"大"。春秋战国时期，诸子蜂起，百家争鸣，但泰山始终是崇高、大美的象征。

1922年，一位地质学家在泰山朝阳洞山谷的一处摩崖刻石竣工。泰山刻石数以千计，但作为地质刻石，前无古人。这位地质学家，便是中国近代地质学奠基人之一的章鸿钊先生（1877—1951）。他在泰山考察期间，留下了这具有里程碑意义的地质石刻。自20世纪初，中国地质学家陆续来泰山考察。而在此之前，俄国、德国、美国、法国等地质学家，都曾来过泰山"寻宝"。泰山地质，是地球不可或缺的一份履历。2007年，泰山入选世界地质公园。

帝王的封禅祭祀

在中国历史上，最神圣、最隆重的祭祀仪式是泰山封禅大典。所谓封禅，就是在泰山祭天祭地。与一般祭祀天地的仪式不同，它是国家统一、众生安泰的标志。

封禅，是战国末年人们希望有一位君主能统一天下，结束长期战乱而形成的一种政治愿望。秦始皇嬴政（前259—前210），建立了中国历史上第一个统一的多民族的中央集权国家，始称"皇帝"。"书同文，车同轨"，统一度量衡，奠定了封建社会的基础。

公元前219年，秦始皇不远千里，从咸阳向着泰山跋涉而来。在泰山之巅，他用旧时秦国祭祀上帝的礼仪祭天，在山下的小山梁父山祭地，完成了历史上的第一次封禅大典。

秦始皇数次出巡，多次刻石以铭功颂德，其中最有名的是秦泰山刻石。后又由秦二世再刻，计222字，到清代时只剩下10个残字。字体为小篆，由丞相李斯所书，用笔劲秀圆健，结构严谨，堪称秦篆的代表作，是秦王朝统一文字的见证。此刻石可谓泰山刻石的滥觞，现收藏于山下的岱庙。

秦始皇在封禅结束后下山时，遇到暴风雨，躲避于一棵松树下。此树因护驾有功，被封为"五大夫"。如今的"五大夫松"，仍在荫庇着来来往往的过客。

公元665年12月，唐高宗的封禅大军到达泰山，封禅仪式在有条不紊中进行。与历史上秦始皇、汉武帝、汉光武帝封禅最大的不同是，武则天参与了祭祀典礼。女性跻身泰山封禅大典，这在中国历史上是唯一的一次。公元725年，唐玄宗"受命中兴"，再封禅泰山。

在历代帝王的亲临祭祀中，来泰山次数最多、所留遗迹最丰的，要属清代的乾隆皇帝（1711—1799）。从1736年即位，到1796年退位的60年间，乾隆皇帝先后到泰山10次，列皇帝到泰山次数的历史之最。1748年，乾隆皇帝祭祀泰山神的盛典在岱庙隆重举行。躬祀泰山神的仪式中，乾隆皇帝行"两跪六叩之礼"，仪程严谨，气氛庄重。乾隆所留《朝阳洞诗》摩崖刻石，有"万丈碑"之称。山下的岱庙、山上的碧霞祠等，都因在乾隆时期重修，得以保存完整。

文人名士的泰山情结

"高山仰止，景行行止。"无数的文人士大夫，竞相登览这座充满人文情怀的大山。

孟子曰："孔子登东山而小鲁，登泰山而小天下。"这是一种文化巡礼。在世人的眼里，孔子可以与泰山类比。从山下拾级而上，"孔子登临处""孔子崖""望吴胜迹""孔子庙""孔登岩"等景观，寄托着人们对孔子的敬仰之心。

杜甫的诗歌《望岳》，是为千古绝唱。诗中"青未了""割昏晓""入归鸟""众山小"，描述了诗人对泰山的感受，完全融入可视的形象之中。山上山下，有杜甫的《望岳》诗石刻多处，真、草、隶、篆，皆具意韵。让游人在领略诗人心境的同时，也感受到在千年之间文人往来的持续用心。

公元742年，诗人李白登临泰山。从山下的王母池启程，沿着唐高宗、唐玄宗登封泰山的御道攀缘而上，黄昏时分抵达南天门，仙游便由此开始……此次仙游，李白写了《游泰山诗》六首。诗人用他豪放的风格、瑰玮的意象，给泰山带来了灵动与飘逸。"天门一长啸，万里清风来。"李白豪气的流动，永恒不息。

多彩民俗

泰山，有皇帝的作为，有文人的灵光，也有平民百姓自由想象的张扬。

东岳大帝，被尊为泰山神，是生命之神。这生的大幸与不幸，不仅限于人的个体，也包括一个国家的存亡。尊重生命，生生不息，正是泰山信仰的本质所在。泰山神曾受到历代皇帝的加封，唐代封为"天齐王"，宋代晋封为"天齐仁圣帝"。在岱庙天贶殿的壁画上，可一睹这位"圣帝"的风采。

碧霞元君，是道教给予泰山女神的道号。在民间，人们称这位女神：泰山娘娘、泰山奶奶、泰山老母。碧霞元君信仰的兴盛，大致经历了从民间到宫廷、从宫廷再到民间这样一个过程。碧霞元君信仰的最初形成，则来源于人们对生育需求的愿望。

以石为镇，以石为安。对石头的崇拜，是山岳崇拜的延伸和发展。泰山脚下的村落，在房舍或街巷要冲常能看到"泰山石敢当"刻石，人们用之以镇宅辟邪。泰山是镇国之山，可"配天作镇"，威力最大，所以泰山石敢当成为镇邪祟、保平安的最佳选择。石敢当纯朴的平安观念，得到了不同区域、不同民族广泛的文化认同，使之成为泰山平安的使者，足迹遍布海内外。泰山石敢当信仰习俗，2006年经国务院批准列入第一批国家级非物质文化遗产名录。

人们在创造出让自己百般信赖的神祇的同时，也为自己心灵的自由洞开了一扇窗户。庙会是民间信仰的舞台，平民百姓是这场生活大戏的主角。新春伊始，人们从四面八方涌入庙中，兑现往年的期许，带回新一年的愿望。庙会，同样也是一次文化的盛会。

挑山，是值得尊敬的一个行当。中国当代美学家杨辛先生、雕塑家钱绍武先生义卖作品成立泰山"三工"（挑山工、护林工、环卫工）基金，以表达崇敬与感激之情。1981年，中国作家冯骥才先生撰写泰山《挑山工》一文。该文先后被选入全国高中、小学语文课本，让数以亿计的人们知道了泰山挑山工。挑山工的毅力和勇气，激励着人们，为达到目标而不懈努力。

造化钟神秀

自然的泰山，自有自然的神奇。基于它的纬度、它的地质，顶天立地，气贯长虹。

登泰山看日出，自古就是游人理想的选择。不同的季节，不同的气象，异彩纷呈。清代散文家姚鼐所撰《登泰山记》，生动地描绘出泰山极顶日出之时的雄浑景象。1924年，印度大文豪泰戈尔访华前夕，《小说月报》要出"泰戈尔专号"，中国诗人徐志摩应主编郑振铎之邀撰写了《泰山日出》一文。"东方红，太阳升。"泰山日出是视觉的盛宴，更是一种文化上的心理共鸣。

"岩岩一片石，上与白云齐。"极顶石，是泰山尊严的象征，是28亿年前地球的杰作。

泰山极顶，自有玉皇庙始，便名曰"玉皇顶"。以前是古代祭天的地方。人们认为它与天最近，最容易接近昊天上帝。

在岱顶日观峰的东侧，有一腾空而起的巨石，倾斜而出，剑指北方，有"拱北石"之称。又因其毗邻峭壁，翘望东海，又名"探海石"。1988年，中国人民邮政发行了一套泰山特种邮票。其中的"云海日出"，是以探海石为前景的旭日东升图。2014年，第二十二次亚太经合组织（APEC）领导人非正式会议在中国北京举行，中国人民邮政特发行一枚带有探海石的邮票。

仙人桥，几块巨石相叠压，形成拱形桥身，故称"仙人桥"。悬崖壁立，巨石坠空，人们好奇于它的形成。而在地质学家看来，它是一种风化、崩塌作用下的偶然巧合。不过，这是一个有着亿万年过程的造化。

连理柏，为汉武帝祭祀泰山时所植，距今已有2100多年的历史。汉武帝当时在泰山植柏千余株，现在的岱庙尚存"挂印封侯""赤眉斧痕""古柏老桧""昂首天外"等汉柏。清代乾隆皇帝崇奉泰山，在京都的紫禁城，凭着记忆画出了《汉柏连理图》。时空跨越，这是一种连接千年的唱和。

彩石溪，位于桃花源溪谷中段，因山溪河床遍布五彩缤纷的岩体而得名。彩色的基岩，形成于25亿—28亿年前。泰山特有物种螭霖鱼，就生长在这彩色的溪水中。神山有神水，神水孕神鱼，为彩石溪增添了一丝灵动。漫步于彩石溪，不同的想象、不同的视觉感受会迎面而来。在阳光的照耀下，弯弯曲曲的溪水就像五彩的飘带，斑驳陆离，绚烂多姿。

醉心石，是来自亿万年的奇石之谜。在最近的一次同位素测定中，醉心石的年龄被界定在17亿—18亿年左右，然而即便到了科技发达的今天，人们对这种"桶状构造"地质成因的认识仍然是一知半解。而"醉心"之名，则是17世纪文人的手笔，得悟于其中的人文意象。古人在这里题刻"小洞天"，以表达另一种不同一般的神秘。

泰山古松，大多集中在山阴的后石坞。姊妹松，并列生长在悬崖上，双株挺秀，相依相偎，婀娜多姿，傲霜斗雪，2005年版的5元人民币上就有她的身影。兄弟松、翔鹤松、探海松……也都生长在这里。望人松，位于中天门景区五松亭西侧的山坡上，1987年被列入世界遗产古树名木保护名录。它树身前探，长枝伸出，如同热情的主人，趋步向前，伸开长臂，迎接泰山的来客。

江山留胜迹

人世变迁，往来古今，后人享受着前人所创造的文化硕果。

南天门上，李白"天门一长啸，万里清风来"的诗意会随景而致，只是当时还没有这把关的"门"。南天门下十八盘，盘阶结合，道行如梯，是泰山盘道的特色。

碧霞祠，是中国高山建筑的杰作。极顶怀抱，东、西两侧有山峰为屏，南临崖壁，视野开阔。现悬挂于碧霞祠中的"坤元叶应""福绥海宇""赞化东皇"三块大匾，分别由清代的皇帝康熙、雍正、乾隆题写。自明代始，凡泰山朝山进香，必以此庙为先。

碧霞祠是金属的世界著称。正殿、配殿分别以铜瓦、铁瓦覆顶，院内还有铜铸的御碑、千斤鼎、万岁楼……。2006年，国务院公布其为全国重点文物保护单位。

岱庙是泰山神宫，是全国各地东岳庙的祖庭。主要建筑正阳门、配天门、仁安门、天贶殿、后寝宫、厚载门，在中轴线上依次排列。

岱庙始建于西汉，拓建于唐代，至宋代形成现在的规模，是泰山最大、最完整的古建筑群。1988年，国务院公布其为全国重点文物保护单位。主体建筑——天贶殿，被称为中国三大宫殿式建筑之一。它采用的建筑制度在中国传统建筑中规格最高，只有皇宫的正殿才能使用。在这座规格最高的宫殿中，奉祀着泰山神——东岳大帝。冠冕衣饰，一如人世间的帝王。

辟支塔，耸立于泰山主峰玉皇顶西北向山谷中，是泰山佛教昌盛的一个标志。辟支塔所在的灵岩寺，是泰山现存面积最大、保存完整、延续历史最长的佛教寺院，在中国佛教史上有着重要地位。灵岩寺，在唐宋时期发展到鼎盛，为"域内四绝"之首。在宋代，灵岩寺发展为"十方"丛林。千佛殿，乃灵岩寺主体建筑。殿内有彩色泥塑罗汉像40尊，大多为宋代所塑。

无字碑，矗立在泰山极顶的南向，通高约6米，因无字而名"无字碑"。也因其无字，争讼纷纭。有人说，无字碑是秦始皇留下的。也有人说，它是汉武帝的功德碑。其实，无字碑是汉武帝封禅的"封石"，或叫"纪号"石，是封坛上的标志石，本来就不应该有字。

《纪泰山铭》，是唐玄宗泰山封禅的纪功刻石，为唐玄宗所撰所书。唐摩崖借峭壁作碑形，其形制恢宏，列历代帝王纪功刻石之冠，被后人称为"天下大观"。唐摩崖之西的崖壁上，还有清代皇帝康熙、乾隆的御笔，同样挥洒着一个时代的辉煌。大观峰东南向的德星岩，是宋真宗封禅的纪功刻石，也是借崖造碑，人们称之为宋摩崖，但铭文大多被明清时期的题刻所毁。

经石峪刻经，至今已逾1400年，是中国现存规模最大的佛教摩崖石刻之一。其经刻"字大如斗"，被世人称为"大字鼻祖""榜书之宗"。字体以隶为主，兼有楷、行、篆各种笔意。刻经大石坪，位于龙泉峰下，泉水漫过石坪会发出潺潺流水之声，是为"梵呗清音"。当你听到漫经而过的水声时，也就相当于听了一遍《金刚经》。

"五岳独尊"刻石,是泰山影响最大的标志性景观之一。凡登泰山的人,几乎都会在此留影纪念。2002年,中国人民银行第五套人民币发行,其中在5元纸币的背面,"五岳独尊"刻石赫然在目。

天下泰山

两千多年前,泰山脚下的孔子就告诫过他的弟子们:人生有两大幸事,一是不断地学习进步,二是与远方来的朋友相会。从古至今,泰山始终以开放的态度,迎接着八方来客。

国外使者随从中国的皇帝祭祀泰山,在汉光武帝封禅泰山时(公元56年)就见诸文字记载。而他们的视觉形象,则始见于宋代(960—1279)的天贶殿壁画中。

壁画名为《泰山神启跸回銮图》,实际表现的是宋真宗封禅泰山的场面。古代外国使者大多是肩负政治任务而来,而主动地认识泰山、介绍泰山,并以照片的形式来表现,则要到20世纪初。

1995年7月,泰山收到了法国肯恩博物馆赠送的一批泰山照片,共计47幅,拍摄于1913年。

法国金融学家阿尔伯·肯恩,似乎预料到20世纪将是世界大变革时代,世界文化的多样性将随着时光的推移变迁或消失。到世界各地用镜头记录现状,是他所实施抢救性活动的一部分。他于1908年11月至1909年3月来到中国。泰山照片,则是由他所派出的一位名叫斯提芬·帕瑟的摄影师拍摄的。镜头中的泰山,是亘古的、宁静的、平和的,洋溢着对一种古老文化的认同与尊重。

还有一位英国朋友G. L.凯·迪金森,也是在这一年来到泰山,留下了泰山游记《圣山》。这位旅行家认为:泰山寺庙所在、满是文字的摩崖刻石,无不体现着一种文化的选择与利用。有了迪金森的感受与认识,就会更容易解读帕瑟所留下的这些泰山照片。

早于斯提芬·帕瑟,还有一位国际汉学大家法国的爱德华·沙畹,先后于1889年、1907年两次到泰山考察。与他人不同,沙畹是一位学者。他为中国的传统文化所陶醉,在考察中取得大量的文字及图片资料。泰山照片虽不是他亲手所为,但随行摄影助手镜头中表现出的景物,一定是他的意愿。

沙畹对泰山的考察,给世人留下了学术巨著《泰山》(1910年出版)。一百多年过去了,《泰山》在西方学术界仍然是一部难以被超越的关于泰山宗教信仰研究的重要著述。因为有帕瑟、沙畹等这些外国友人对泰山的认知,泰山被世界更多的人所了解,泰山开始真正走向世界。

泰山岩岩,鲁邦所詹。著名美学家杨辛先生曾指出,泰山文化是中华民族优秀传统文化的主要象征之一,是我们民族文化的瑰宝。天地大德,生之不息。中华文化如此,泰山亦然。

目 录

序 / 1

自序 / 1

引言　又见泰山 / 1

一、洪荒与文明："歌未竟，东方白" / 5

横空出世——从沧海走向桑田 / 7
三起三落，在奋发中诞生 / 7
三大断层：搭台"三门"胜迹 / 15
一山高拔："迢迢造天庭" / 18
四时回转，铺陈一路风景 / 25

汶水汤汤：从混沌走向文明 / 35
一个地下秘密的发现 / 40
一个太阳部落的叙事 / 43
一个字写就史书五千年 / 44
一叶知秋见精神 / 48

二、神圣与谦卑：自尊、自信、自强 / 55

"仰之弥高"——一个不曾改向的信念 / 57
"泰山"名之由来 / 57
"登泰山而小天下" / 60
"受命然后得封禅" / 63
"自古受命帝王，曷尝不封禅？" / 64

"厚德载物"——"泰山不让土壤" / 67
以德担当 / 67
儒道和合 / 70
佛光流照 / 72
"大合鬼神" / 74
多边共处 / 76

三、冲突与融合：认知价值的嬗变 / 83

民族认同——从区域文化走向主流文化 / 85
秦皇汉武的尴尬 / 85
"至上神"的确立 / 89
儒生与方士的较量 / 90

时空转换——走出海岱分野 / 92
广泛的认可性 / 93
区域的超越性 / 98
流传的久远性 / 99

四、生命与尊严：人本精神的回归 / 109

"生生不息"——"人道"之本 / 111
"生"，神祇本性的还原 / 111
儒、释、道，对"生"的释读 / 118

精神永在——生命的赞歌 / 128
"重于泰山"：人生价值的取向 / 128
"高山流水"：知心知遇的考量 / 131
"泰山北斗"：理想人格的境界 / 133

负重登攀——"挑山工"风范 / 136
不期而遇："初识挑山工" / 137
踏石留痕："一个汗珠子摔八瓣" / 139
山高路远："快活三里不歇脚" / 141

五、礼制与世俗：祭祀的流变 / 143

祭秩的礼制——朝廷作为 / 145
祭祀的形式 / 147
诸侯的荣耀 / 152
朝廷的盛典——封禅、巡守、告祭 / 153

生活的行歌——民间朝山 / 158
香客的名义 / 158
进香的礼数 / 167
香客之家 / 172
百姓的狂欢节——东岳庙会 / 176

六、艺术与精神：心灵的共鸣 / 183

凝固历史——建筑华章 / 185
天子之庙——岱庙 / 186
天上宫阙——碧霞祠 / 196
佛国奇葩——辟支塔 / 201
"天关"之门——南天门 / 208
佛道同宫——红门宫 / 216

铭镌文明——石刻丰功 / 220
"卓越千古"——泰山秦刻石 / 222
"榜书之宗"——经石峪 / 226
"天下大观"——唐摩崖 / 230
镇山之铭——"五岳独尊" / 236
建醮第一碑——《双束碑》 / 238

国宝家珍——礼器臻美 / 242
珠联璧合——镇山三宝 / 243
礼器大成——华美五供 / 246
吉祥符号——"七珍""八宝" / 250

溢彩春秋——壁画光影 / 255
巡守的变相　礼乐的缩影 / 258
人鬼相杂　人间地府同逍遥 / 268
显山露水　人及寸余 / 273

结语　再回首 / 282

主要参考文献 / 285

引言

又见泰山

大浪淘沙,逝者如斯。

时间,是事物"质与量"最好的"试金石";时间,也是"生存"最好的"度量衡",无论于自然、非自然。有了时间,该发生的有了,该消失的没了。有了时间,模糊的会厘清,错乱的会反正。时间是无限的,也是有限的,无论千年万年,还是一时半载,还是刹那的回眸与凝望。

凝望泰山,又看到了什么?

泰山是古老的。

28亿年前,尚处海洋中的泰山,仰仗着30亿年积蓄沉淀的"泰山岩群",成就了自我救赎的造山运动——"泰山运动",它勃然爆发,跃出海平面。只是事有难料,磨难重重,泰山历经沉浮,终于以巍峨的雄姿屹立于世界的东方。

泰山是特殊变质岩的"共同体"。

"泰山岩群",是泰山功劳簿上的头号功臣,它是泰山最古老的岩石(变质岩),也在列中国最古老的地层。而在这个"岩群"的群英谱中,最耀眼的明星非"科马提岩"莫属。它是迄今为止中国唯一公认的具有"鬣刺结构"的火山岩,起始于约38.4亿至25亿年前,属地球早期岩浆的代表,这在世界范围内也是极少表露的古老地层。"泰山岩群"及

"科马提岩",是泰山傲视群峰的底气,是泰山屡降屡升、坚毅刚强的内核,是泰山昂首天外、雄峙天东的资本。

泰山又是年轻的。

尽管如此古老而历经沧桑,但让人匪夷所思的是,泰山仍以每年0.5毫米的速度继续升高。这是泰山愈挫愈勇的性格使然,是泰山不屈与压力抗争的豪气,是泰山生命的倔强与不息。

泰山文化也是古老悠久的。

泰山文化是文化史上的"科马提岩"。人有能力直接与大山对话,不晚于5000年前。在泰山,史前人留下了大量的大山崇拜的"形象"资料。现在看到的中国早期文字"🐾"便是由泰山自身形体组合而成,具备了汉字形、音、义的基本特征。在东方昌盛文化的拥戴下,泰山成为一个文化的高峰、信仰的高峰。"古者封泰山禅梁父者七十二家",并非一种臆想;"孔子登泰山而小天下",不再是一种夸张。

泰山文化是一个多元的文化宝库。

早在2000多年前,为秦始皇书写泰山《纪功刻石》的李斯就说过"泰山不让土壤,故能成其大"。这个"大",同样可以理解为文化之大。进入文明的门槛,黄帝"合鬼神于泰山之上"就开启了一个划时代的序幕,那是不同氏族在泰山大融合的礼赞。春秋战国百家争鸣,道家、儒家、阴阳家……各就本家的观点评述泰山,形成文化"隆起"的制高点。封禅兴起,各民族的交流融合成为一个国家统一、兴盛的象征。佛教文化外来,泰山兼容并蓄,将其转化为传统文化的一部分,并启发佛教主动地将泰山的"地府"文化,改造构建为中国特有的"地狱观"。凡此种种,多样化的文化元素,如同泰山岩群的组合,美美与共,相向而为,固牢了泰山文化的精神内涵。

泰山文化历久弥新,充满生机与活力。

在数千年的传统观念中,泰山就是新生与活力的一个象征,始生万物，新旧相代。泰山主生主死，这不是一个对立的两极，而是一个相互转化的过程、阶段，正如日出与日落是一个循环往复、周而复始的闭环。泰山成为新旧相代的始生之地，就是这一观念下的假说，一个人如此，一个国家也如此。中国历史上影响深远的泰山封禅，核心在于帝王"受命"，而这个"命"，是"旧邦新命"。中华文明五千年不曾中断，就得益于这一哲学观念的底层逻辑。以新代旧，不是全盘否定重来，而是破旧立新。"对历史最好的继承就是创造新的历史"，以托起一个活力四射的新时代。

自然的泰山、文化的泰山，两者相似的"个性"，让我们惊讶。泰山岩岩，气象威严。它以数十亿年的地质年轮，承载着中华民族五千年的文明缩影。这是自然造化的偶然，还是文化演进的必然？

让我们带着期盼、希望与敬仰，走进泰山……

旭日流光

一

洪荒与文明

"歌未竟,东方白"

泰山,是一座"通天"之山,几经沉浮,蓬勃向上。泰山,是一座太阳之山,无论何时何地,都会以光明的一面出现在你的面前。它是一个精神制高点,是积极价值观、正能量的标杆。

一路走来，人类大致经历了猿人、智人两大发展阶段，历年以"百万"计。与之相比，文明的历程短之又短，仅以"千"年度量，足见步伐之艰难。原始文明是人类文明的初始阶段，以石器为基本标志而被称为石器时代。毛泽东同志在《贺新郎·读史》中戏称此阶段为"小儿时节"，用"人猿相揖别，只几个石头磨过"一句话，概括了人类漫长蒙昧期的属性特征。

大山崇拜，在世界各民族中都有着久远的历史，而泰山崇拜与一个民族的文明史同步实属罕见。在我们的典籍中，字里行间无不透发出泰山的信息。一切都来得那么理所当然，有如春暖水绿，花发枝头。这与泰山地理位置及空间特征相关，与山之历史相关，处处印证着古人那句话："山莫大于泰山，史亦莫古于泰山。"

横空出世——从沧海走向桑田

[文献索引]
昔盘古氏之死也，头为四岳，目为日月，脂膏为江海，毛发为草木。秦汉间俗说，盘古氏头为东岳，腹为中岳，左臂为南岳，右臂为北岳，足为西岳。
——［南朝梁］任昉《述异记》卷上

天地安在？山水何处？

顺着这个思绪下去，就产生了诸多的创世神话。其中盘古的"开天辟地"便是经典案例。以他的意志开创天地，从而结束了远古混沌的局面。盘古死后，四肢五体化为四极五岳，血脉形成江河。在秦汉时期的传说中，盘古之首化作了泰山。泰山"五岳之首"的名号，有着不一样的权威认定。

当现代地质科学兴起，泰山又有了新的"出生证"，地位显赫，不同常态。

三起三落，在奋发中诞生

46亿年的光景，地球造化出百般物象，让我们把目光聚焦在山岳间。

首先映入眼帘的是造山运动，那是压力的游戏，碰撞中的运动。作用于水平方向的挤压，一定地带的地壳发生急剧变形而形成大规模山脉隆起，山岳形体在超乎寻常的压力中得到再造。

泰山同诸多大山一样，都经历过轰轰烈烈的造山运动，但它的诞生有一个自己的明细总目——泰山运动。大约在25亿—30亿年前，泰山

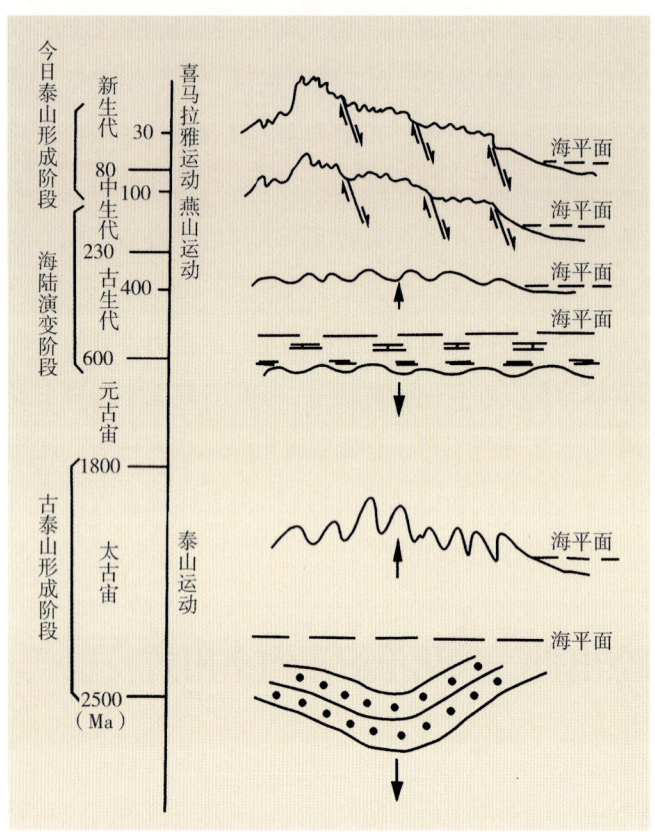

泰山形成演变阶段示意图

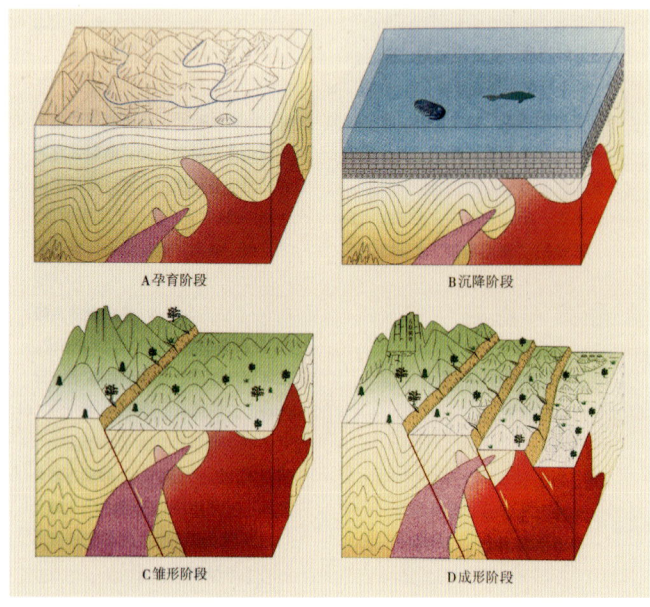

泰山形成演化模式图

铁骨铮铮　刚正不阿

一、洪荒与文明："歌未竟，东方白" 9

岩岩泰山

山之骨脉——彩石溪岩体（25亿—28亿年）

[名词集解]

褶皱 一般指褶皱构造。褶皱构造是岩层产生塑性变形的表现，是地壳表层广泛发育的基本构造。

泰山杂岩 又称泰山岩群，是泰山地层的基本构成，形成于29亿—28亿年前（新太古代初期）。它是混合岩化的变质沉积岩层、各种成因类型的花岗岩类、基性岩侵入体及岩脉等的总称。

所处地带发生了一次强烈的造山运动，原先沉积的岩层褶皱隆起形成巨大的山系，作为这一山系的一部分，古泰山挺起于海平面之上。泰山如同一个嗷嗷待哺的婴儿，在剧烈的动荡中迎来了新生。

经过18亿—19亿年的风化剥蚀，古泰山渐趋平缓，又因地陷等原因，再一次大幅度下降。海水入侵后，古泰山随之沉没于海平面以下。在不曾预料的变化中，几经周折，升降交替，时陆时海。在不断的沉浮中，泰山度过了多厄的幼儿期。

距今1.35亿年左右，新的造山运动（燕山运动）来临，古泰山南麓发生断裂，不断抬升隆起，在各种大强度风化的加持下，覆盖于古老泰山杂岩上厚达2000

岩溪精灵——泰山赤鳞鱼

另眼看世界

天梯高悬　门辟九霄

米的沉积层被抖落下来，形成了现今泰山的雏形。接着新的造山运动（喜马拉雅运动）到来，泰山开始大幅度抬升。在距今3000万年左右，泰山的总体轮廓基本形成。又经长期风化以及各种外力作用的改造，泰山以强壮伟岸的躯体屹立于东方，进入了风华正茂的青春期。

泰山的形成经历了一个漫长而复杂的演变过程，大致可分为三个阶段：古泰山形成、海陆演变、今日泰山。根据地质年代的说法，古泰山变质岩形成于太古宙，其雏形始于中生代或新生代初期，其基本轮廓成形于新生代中期，是新生代构造运动的产物。从胚胎孕育到长大成年，泰山经历了漫长的30亿年。

泰山的地质史，同时也是泰山的拼搏史。先是在沧海之中孕育，在泰山运动的催产下诞生，而后几度沉浮，历经磨难，饱受沧桑。终于有一天，冲出古老的海洋，完成崛起，涅槃重生，高昂头颅，挺起脊梁，直逼霄汉，成为泰山生命力的底色。

地质用"亿"计年，人类以"年"算岁。宏大与渺小、长久与短暂，一目了然。但人、物一理，移情于山，物我两忘，会得到很多有益的启迪与鼓舞。

泰山不老，青春永驻。

三大断层：搭台"三门"胜迹

泰山的地貌发育复杂多样，而其"三大断裂"的构造最为抢眼，因为它决定了泰山主体形象的塑造。

泰前断裂，是一条北东东向的区域性断裂，也是泰山和泰莱盆地的分界线。中天门断裂，形成中天门南侧的陡坡。云步桥断裂，经过云步桥北侧的五松亭，云步桥断崖即其主断裂南侧的分支断层。冲破压力，是泰山内在的原动力。

泰山地貌以岩层的断裂突起为主要特征，三大断裂呈阶梯式正断，而层面的倾角有着较大的陡度，由此形成了泰山

[名词集解]

断裂 是指岩层被断错或发生开裂。如果断裂两盘的岩石已发生了明显的相对位移，则称断层，是最重要的一类断裂。

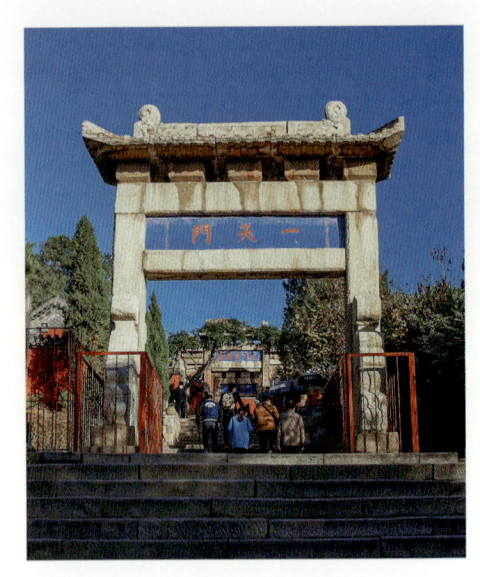

"三天"标志之———一天门

"三天"标志之一——中天门

"三天"标志之———南天门

南坡陡峻高拔的三大台阶式地貌。这三大断层，大致以一天门、中天门、南天门为标志。特别是中天门以上的深谷陡壁，切割深度达500—800米，使泰山主峰在空间体量的塑造上凌空高拔。

泰山造山运动中所形成的外在形体，为历史文化的铺陈提供了绝佳的视觉机缘。

"天门"之称在汉代已经出现，是为天然之门、登天之门。"三"在传统文化中被赋予了深厚的内涵，昆仑山传说中"三重境地"（凉风、悬圃、天界）的说法，或许受到泰山自然特征所展现出来的台梯式"三重"空间的影响。

与泰山南坡形成鲜明对比的是，山左、山右、山阴的山势又相对平缓，层峦叠嶂，群岗众丘环绕于主峰，形成诸峰拱岱的态势，给人以稳重之感。古人有泰山如坐、华山如立、恒山如行、嵩山如卧、衡山如飞的说法，说的就是山之形貌。泰山稳重的形象，为"稳如泰山"的文化内涵提供了视觉与心理的保障。

一山高拔："迢迢造天庭"

"太山一何高，迢迢造天庭"，这是西晋时期的文学家陆机对泰山的称赞。"高"，是其大书特书的核心点。从直观感受而言，除了泰山山体本身具有这个优势，还有来自周边地形地貌的强烈对比。

[文献索引]

昆仑之丘，或上倍之，是谓凉风之山，登之而不死。或上倍之，是谓悬圃，登之乃灵，能使风雨。或上倍之，乃维上天，登之乃神，是谓太帝之居。

——《淮南子·地形训》

"拔地通天"

一、洪荒与文明："歌未竟，东方白" 19

最早见到太阳的极顶——玉皇顶

欲与天公试比高——瞻鲁台

仙人桥——崩塌堆积（27亿—25亿年）

扇子崖——傲徕山岩体（25亿年左右）

云步桥瀑布——云步桥断裂

天低众山小

一、洪荒与文明："歌未竟，东方白"

"首出万山"

[文献索引]

是朝，上山骑行，往往道峻峭。下骑，步牵马，乍步乍骑，且相半，至中观留马。去平地二十里，南向极望无不睹。仰望天关，如从谷底仰观抗峰。其为高也，如视浮云；其峻也，石壁窅窱，如无道径。遥望其人，端端如杅升，或以为小白石，或以为冰雪。……遂至天门之下，仰视天门，窔辽如从穴中视天窗矣。

……泰山东上七十里，至天门东南山顶，名曰日观。日观者，鸡一鸣时，见日始欲出，长三丈所。秦观者望见长安，吴观者望见会稽，周观者望见嵩山。

——《全后汉文》卷二十九《封禅仪记》

四周的山峰都低于泰山300—400米，尤其是华北大平原与泰山的相对高差有1300米以上，这种对比形成泰山"东天一柱"的格局。群山偃伏，泰山成为理所当然的主角。

人们在谈到山之高时，往往会把"海拔"掺杂其中。海拔作为计算地理高度的手段，具有特定的科学性，但却不能代替视觉感受。山之高低，首先是感官的"先知先觉"，而不可能是以海平面为基准的理性判断。杜甫《望岳》诗句"会当凌绝顶，一览众山小"，说"众山小"只能是"一览"的瞬间感受，而不在于海平面高低落差的推算。"尺有所短，寸有所长"，视觉之高与纯粹海拔无关，而与周边参照物的对比却至关重要。

因地质地貌的空间特征，泰山之高总会与"天"相关联。东汉马第伯的《封禅仪记》，直接将泰山的关隘称之为"天关""天门"。面对泰山，只有"仰望""仰观""遥望""仰视"。而言山顶诸峰之高，秦观者可望见长安，吴观者可望见会稽，周观者可望见嵩山，都是以泰山自身之高为基点，俯视四海。

四时回转，铺陈一路风景

时光总在不经意间流逝，春夏秋冬的每个轮回都呈现出相应变化的容颜。泰山特殊的地理位置与地质地貌特征，使气候、水文、物象的表现都有自己固有的套路。随之，四季也都有了不同的背景、往事。

"十里不同天"。泰山地处季风气候带，不但具有各种气象的形成条件，而且由于山体高耸并靠近海洋，气象变化也更趋复杂。山顶与山下气候迥然不同，有所谓"绝顶峰高夏亦寒"的奇特气候。气温随着山的高度而降低，雨量则随着高度的变化而增加，故又有"十里不同天"之说。

"肤寸兴云"。云雨之气象，天下不绝，但在泰山就有了千样变化。《春秋公羊传》就曾定义说：只有在泰山，云气触石而聚，在极短的时间就会雨遍天下。到了清代康熙间进士叶燮那里，泰山之云成为"天下之大文""天地之至神"。这是他寓居泰山半年之久，熟睹泰山之云而了然于心的心得。

春来桃花醉

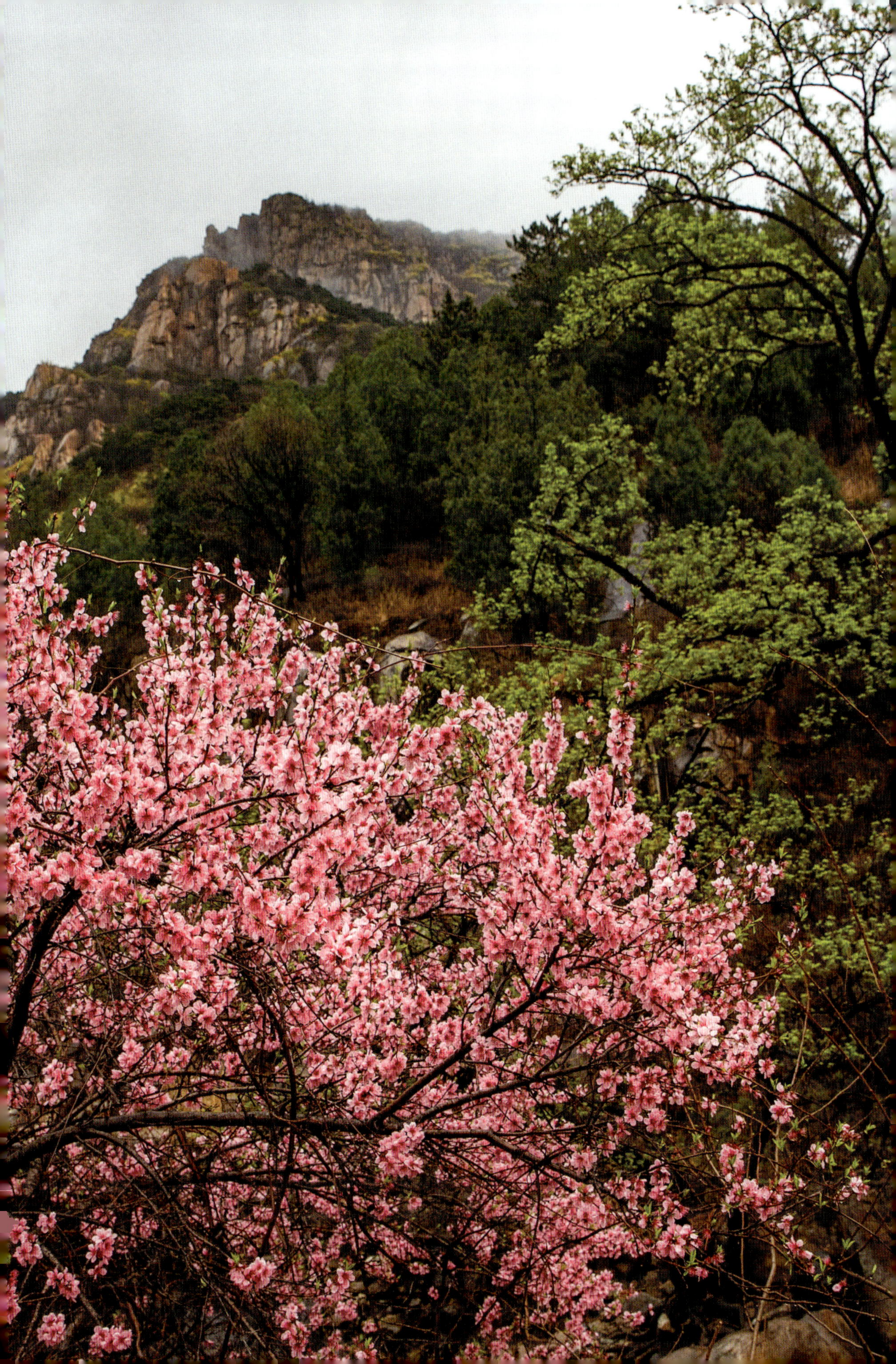

夏雨戏彩石

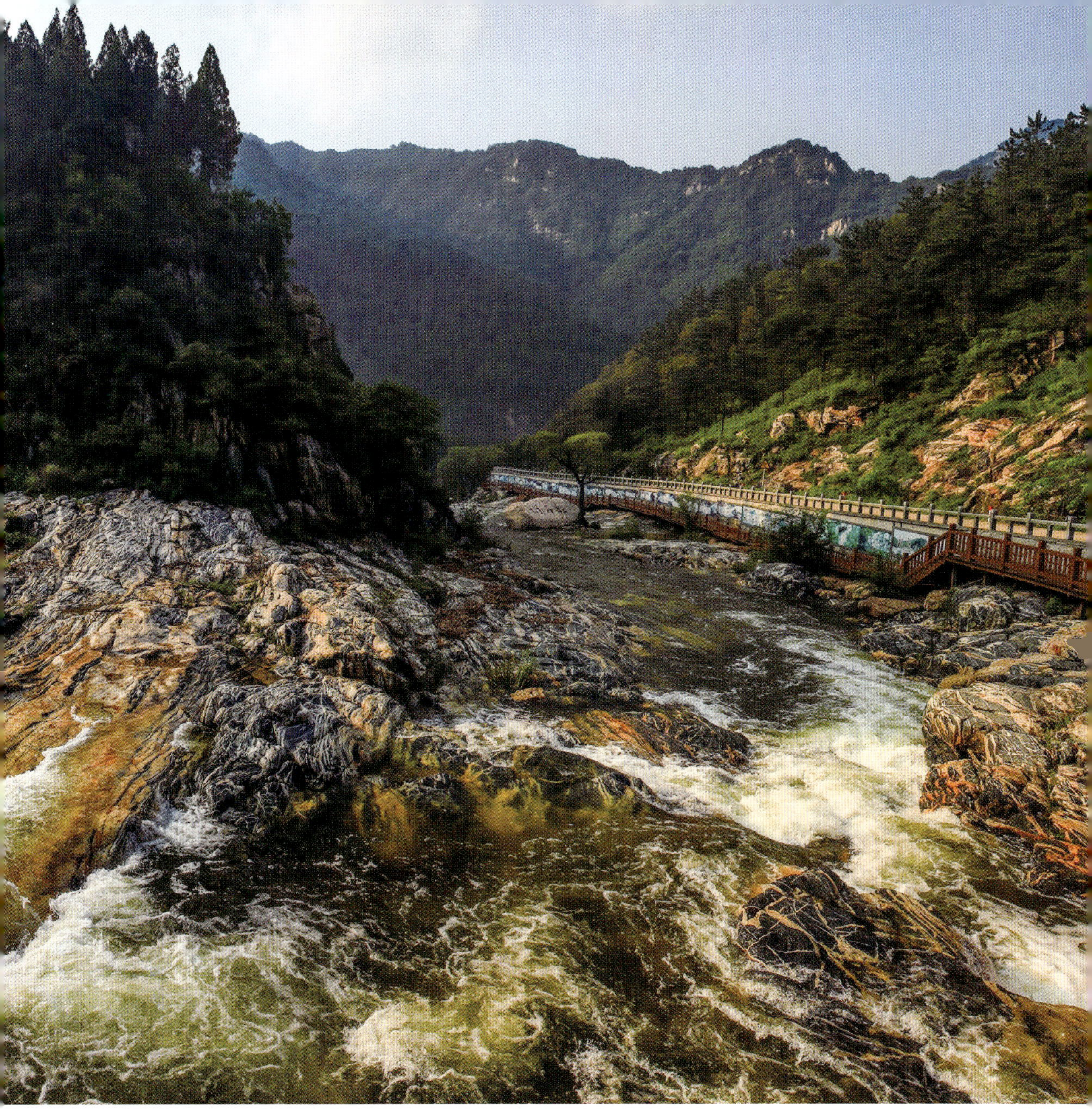

秋催花椒红

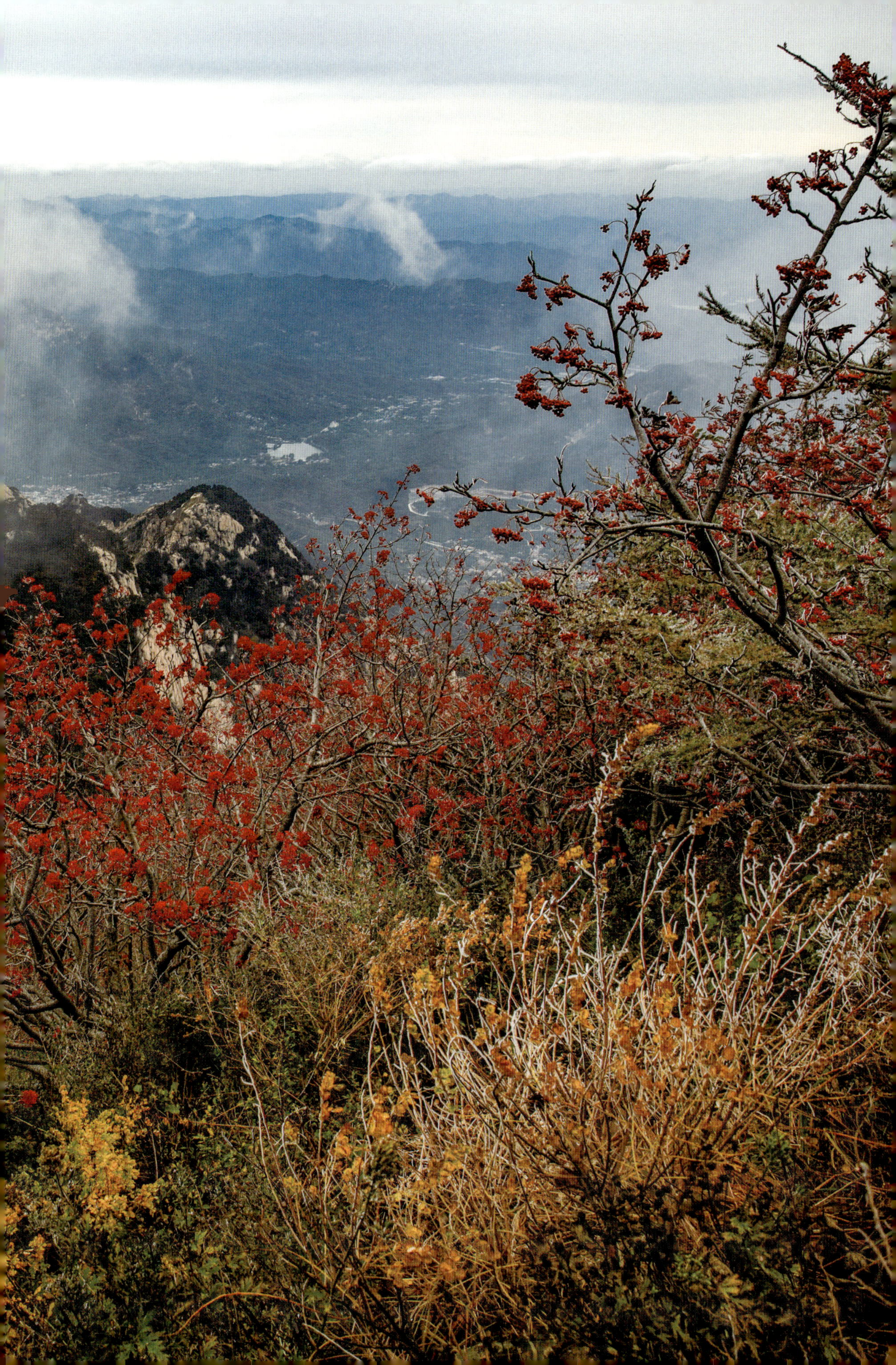

冬来雾凇迟

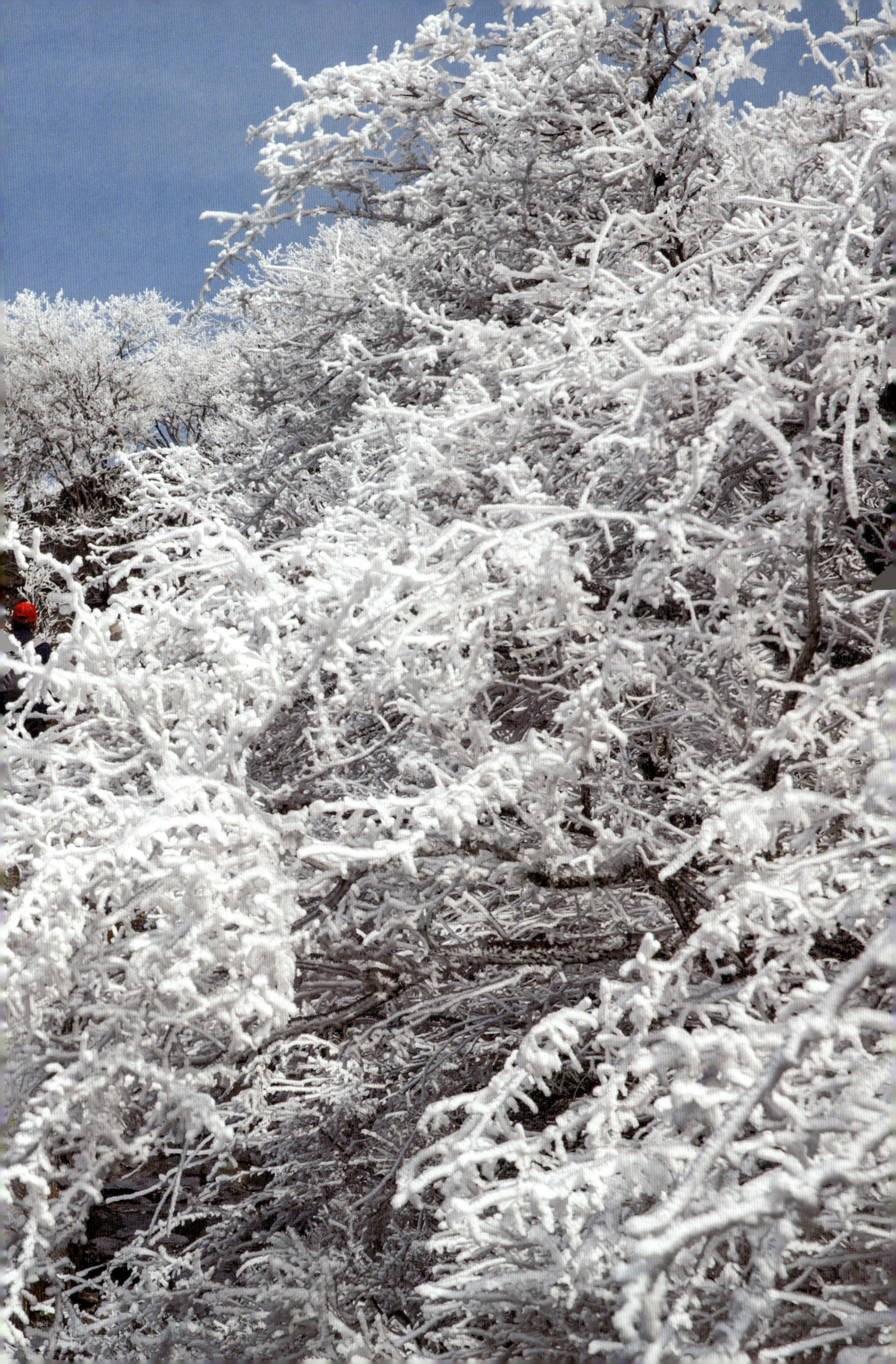

日出东方

"鸡一鸣，见日出"。日出，平常无奇，然而在泰山却成为热点。最早记录泰山日出的《封禅仪记》记载："鸡一鸣时，见日始欲出。"说"鸡鸣"之时，太阳就会出来。千年之后的苏轼《送杨杰（并叙）》也吟"鸡一鸣，见日出"。同样的场景，还见于20世纪六七十年代，有抱鸡以看日出的习俗。后来，因有钟表的出现和普及，加上鸡的生物钟发生了变异，抱鸡观日的这一招就不灵了。

由于泰山地处东方，毗邻大海，泰山日出呈现不一般的幻化。其中"旭日东升""云海日出""登岱观海"，成为人们追逐的理想景象。云、云海，也成为日出最好的伙伴。

寒来暑往，均可独立成章。

泰山四季分明，各有各的章句。春之章主生发，最能代表泰山主生的个性，是对生命的咏唱。习习风来，万物复苏，漫山遍野，春意盎然。夏之章是活力张扬的表白。泰山的夏季短暂，但不失豪情、奔放。山青水绿，山花烂漫，多云多雨，句读清晰。秋之章是个浓墨重彩的组合，天高气爽，山水一色，层林尽染，溢彩流金。冬之章最能体现泰山

[文献索引]

触石而出，肤寸而合，不崇朝而遍雨乎天下者，唯泰山尔。
——《春秋公羊传》

泰山之云，……或起于肤寸，淤沦六合；或诸峰竞出，升顶即灭；或连阴数月，或食时即散；或黑如漆，或白如雪；或大如鹏翼，或乱如散鬈；或块然垂天，后无继者；或联绵纤微，相续不绝。……云之态以万计，无一同也。以至云之色相，云之性情，无一同也。云或有时归，或有时竟去不归，或有时全归，或有时半归，无一同也。此天地自然之文，至工也。……如是以出之，如是以归之，一一使无爽，而天地之文成焉。
——叶燮《原诗》

的风骨神韵，庄重、凝练是它的关键词。泰山的一年四季，是一个个美好的祝福，好运如约而至……

汶水汤汤：从混沌走向文明

趋于本能，生命体总会有着不自觉的某种选择。水是生命之源，逐水而居成为人类生存与发展的自然法则，尤其在史前时期。"泰山巍巍，汶水汤汤"，汶水与泰山相依相伴，共同滋养了这里的先民。他们以太阳、大山为旗帜，创造了专属本族的史前文化——东方文化，发展到鼎盛时期又将这种优势传播到四方，形成这一时期的文化强势。泰山也借力走出去，在更大的范围内让更多的氏族所认识，"古者封泰山禅梁父者七十二家"的故事，也以此萌发。这是一个卓越的起点，泰山由此步入文明的门槛。

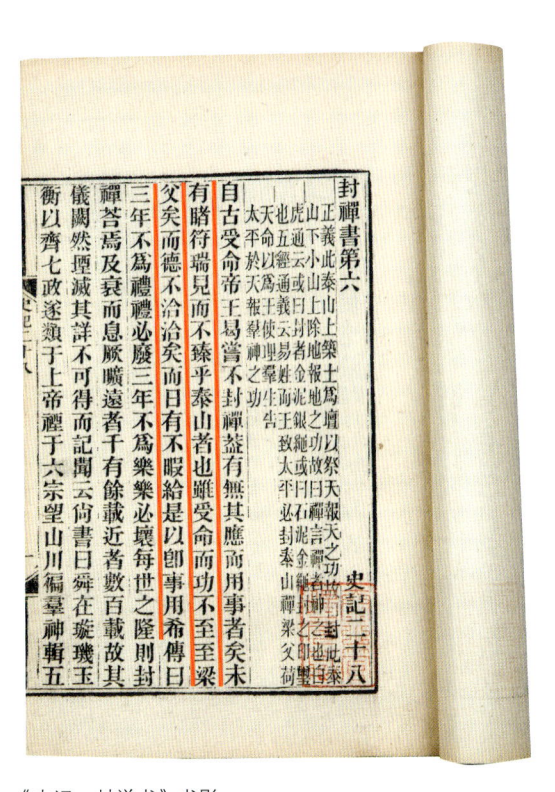

《史记·封禅书》书影

日月重光——大汶口人的太阳山

一、洪荒与文明："歌未竟，东方白"

汶水流长——东方文明的摇篮

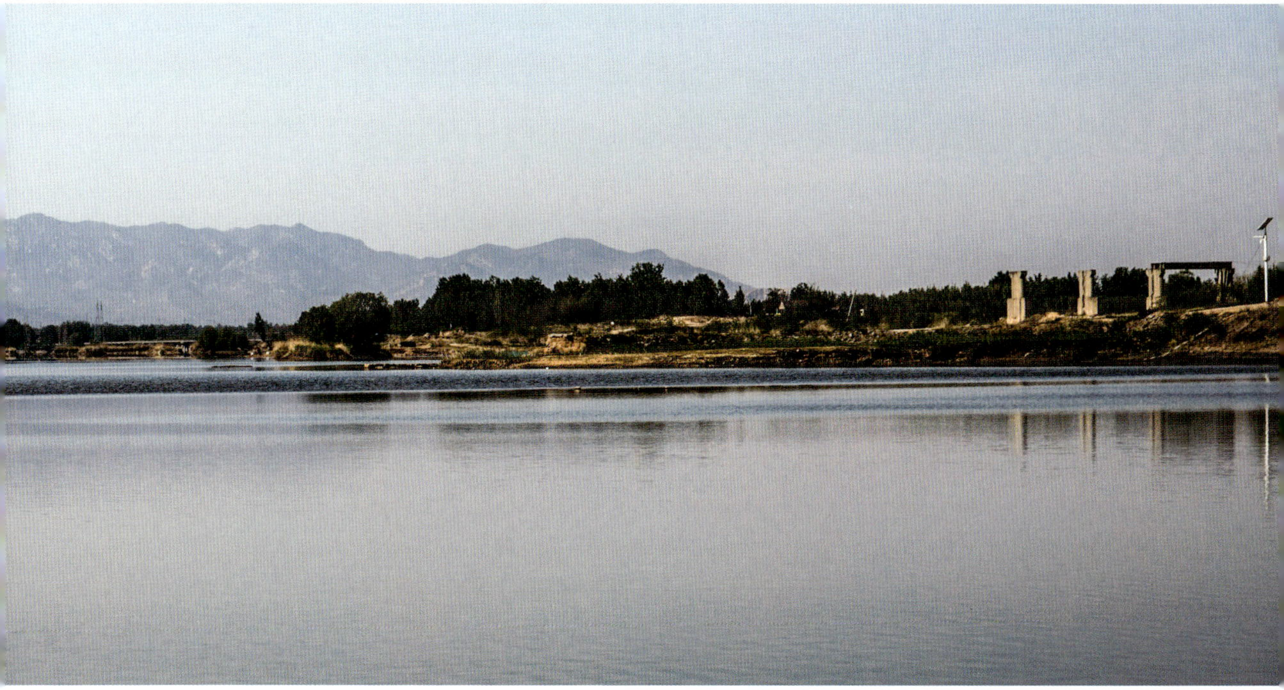

一个地下秘密的发现

这是一个大建设的年代，也是地下宝藏重见天日的大好时机。1959年5月，在修筑津浦铁路复线工程中，于当时的宁阳县磁窑镇堡头村东西相距60米左右的地方发现文化遗迹。考古工作者于次月下旬开始抢救性发掘。起初，人们对于这一处墓葬并没有多大的关注，但随着清理的深入，发掘成果让人刮目相看。此次清理墓葬133座，获得了大量陶器、石器、骨器和角器等文化遗物，资料的翔实与丰富立刻引起了考古学界的普遍重视。

早在堡头墓葬群发现之前，其文化的某些特点就已经在周边一些遗址中有所发现，但并没有把它看作是一种新的文化类型，因其中有彩陶出现还曾一度认为与仰韶文化相关。堡头墓葬群发掘后，在周边陆续发现了一批与其文化面貌相一致的墓葬，遂命名为"大汶口文化"。也可以说，这一文化的认识与确立，曾经历了一个比较长的历史过程。

大汶口遗址的发现及考古学文化的确立，改变了中国新石器时代的格局，填补了东方文化本地来源的空白。"大汶口"这个地方小镇的名字，从此成为一种文化标志载入中国的大历史，声名显赫。

[信息拓展]

"大汶口"与"堡头"之争。大汶口遗址被东西横穿的大汶河一分为二，堡头位于南岸，大汶口遗址1959年第一次发掘的133座墓就是在这里进行的。其地处堡头村，故使用过"堡头遗址"的名称，也曾将其墓地单独列为"堡头类型"。这反映了当时学术界对大汶口墓葬还处于模糊认识的一种状态。随着其他相同文化面貌墓葬的发现，才认识到这是一种新的文化类型。1963年正式提出了"大汶口文化"的命名，遂得到学术界的认同。依考古学命名惯例，以首先发现的遗址所在地为名。随着"大汶口文化"声名鹊起，还引来了地名（"堡头""大汶口"）之争。以"大汶口"命名，主要考虑到了其自然地理特征及其所具有的典型性与代表性。

[名词集解]

大汶口遗址 位于山东省泰安市岱岳区大汶口镇和宁阳县磁窑镇，总面积约82.5万平方米。大汶河自东向西穿过，将遗址分为南、北两部分，现存面积北岸面积约25万平方米，南岸约20万平方米。该遗址延续时间长，文化内涵丰富，比较全面地反映了大汶口文化早、中、晚三期的文化面貌。该遗存距今6300—4600年。大汶口遗址于1982年被国务院公布为全国重点文物保护单位。

大汶口文化 大汶口文化因首先发掘于山东省泰安市岱岳区大汶口遗址而得名。该文化的发现与确立，是新中国史前考古的重大成果之一。1959年抢救发掘了泰安大汶口遗址，清理墓葬133座，获得了大量前所未有的文化遗物。其后又在其他地区发现相同文化面貌的墓葬与遗址，并确定了大汶口文化与龙山文化的关系，于1963年正式命名为"大汶口文化"。

[信息拓展]

山东的龙山文化，除了与典型河南龙山文化有互相影响之外，似乎还应有一个本地的来源。最近几年的新发现，证明这个本地的来源便是大汶口文化。

——摘自夏鼐《碳-14测定年代和中国史前考古学》

[文献索引]

一般认为，大汶口文化早期阶段尚处在氏族公有制的末期，贫富分化不明显，多人合葬可能反映着氏族成员间血缘纽带还相当牢固，因此，认为大汶口文化处于母系氏族社会末期向父系氏族社会过渡阶段；大汶口文化中、晚期阶段，一些手工业部门已经脱离农业而独立发展，并出现了贫富分化，私有制正逐渐形成，男女合葬墓的出现，表明父权制已经确立，当时已进入父系氏族社会阶段。家族私有制进一步发展，社会已进入初级文明时代。

——摘自《山东20世纪的考古发现和研究》

大汶口遗址标志碑

大汶口遗址博物馆

大汶口遗址1959年发掘现场

一、洪荒与文明："歌未竟，东方白"　43

一个太阳部落的叙事

自古至今，凡土葬都会有一个朝向的问题（即死者头部所朝的方向），不同氏族、不同区域的埋葬习俗会有所不同。但大汶口的先民头向却惊人的一致，没有例外，并影响了整个大汶口文化区系的各个氏族。

在大汶口遗址1959、1974、1978年三次较大规模的发掘中，共发现墓葬189座，无特殊情况都朝向东方。第一次发掘的133座墓葬，存在人体骨架的有128座，除有两例属特殊情况外，头的朝向保持一致——向东。第二、三次发掘共发现墓葬56座，除一婴儿墓骨质腐蚀不能辨其方向，一座特殊墓穴（为圆形墓坑，其他均为长方竖穴）的葬式有别外，其余54座均"头东足西"。

有意识、能动地（体现在葬具、葬式、随葬品）去埋葬死者，无疑是一种以灵魂观念为依据的信仰行为。这种头向东方的形式，被一个氏族广泛认同，并延续数千年，为同时期的氏族部落所少见。

大汶口人为何有如此的举措？因为东方是太阳升起的地方，关乎生的回归。在大汶口文化这一区系的遗址中，多次出土由太阳、火焰、大山组成的图像文字，太阳在大火的簇拥下高高升起，而支撑这一切的是

[信息拓展]

泰山……大半是仰仗两昊时代文化的辉煌，即考古学上所见大汶口文化时代的辉煌，才被奉为至尊神山的。"封泰山"成为中国古代政治生活中绵亘不断的传统，自有其深远的文化背景。
——高广仁、邵望平《海岱文化与齐鲁文明·传说中"五帝时代"前期的海岱社会》

神话时代太昊画像　　神话时代少昊画像

汶河落日圆

一座大山。如果再将大汶口氏族与传说中的"五帝时代"对照，无论地理属性还是时代特征，都可以与东夷集团相对应，其中的首领太昊、少昊，就以太阳为标志。所谓的"昊"，也就是太阳的光辉。

所以，头朝向东方，象征着以太阳初升之向为初衷。我们有理由相信，用这种"头东"的葬式安置死者，表达的是对太阳的崇拜。先民们希望借助太阳所表现出的运动形式，达到生命的回归。

太阳——大山——生命，同源共生。泰山信仰的核心就在于一个"生"字。泰山神祇（东岳大帝、碧霞元君）的形成、职司的演变，也都与太阳崇拜、生命至上的信仰紧密关联在一起。

大汶口文化，为泰山神圣地位奠基。大汶口人，是泰山最早的主人。

一个字写就史书五千年

中国汉字，有着它独特的风姿与神韵。很难想象，距今5000多年的大汶口文化遗址所出土的陶文，即便以现今的规则观念相对照，也不差一二。在诸多出土陶文中最具代表性的，就是前面提到的由日、火、山图像组合而成的文字——"🖳"。

[文献索引]

岁二月，东巡守，至于岱宗，柴，望秩于山川。《传》曰："岱宗，泰山，为四岳所宗。燔柴祭天告至。"
——《尚书·舜典》

郊之祭也，迎长日之至也。大报天而主日也。《正义》曰："大，犹遍也。……天之诸神，唯日为尊。故此祭者，日为诸神之主，故云主日也。"
——《礼记·郊特牲》

一、洪荒与文明："歌未竟，东方白"　　45

大汶口文化陵阳河遗址出土的大口尊 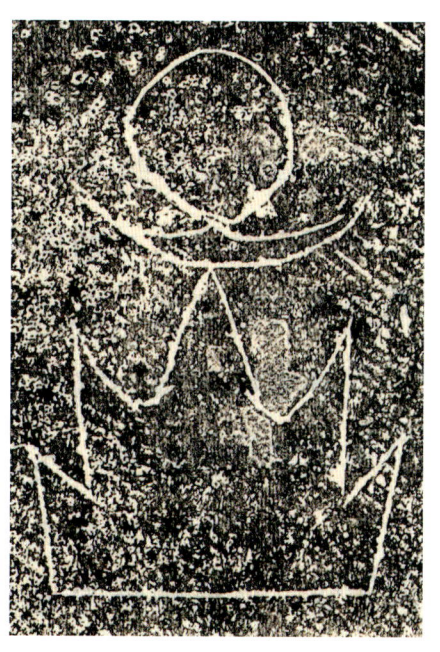　　大汶口文化陵阳河遗址图像文字拓片

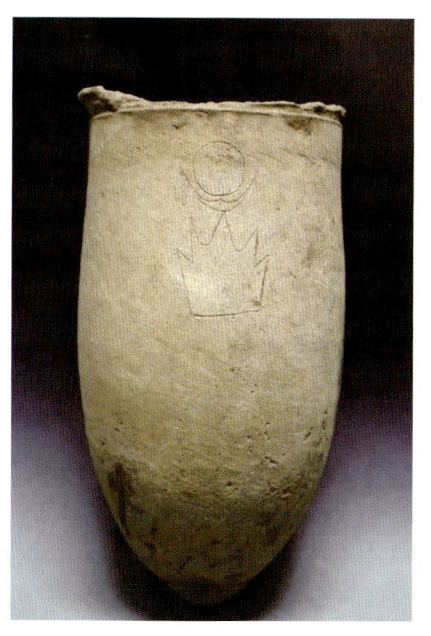

大汶口文化于庄遗址出土的大口尊 　　大汶口文化陵阳河遗址图像文字"简体"拓片

《尚书·舜典》书影

　　这一图像文字，自20世纪60年代起就多次发现于泰山之东的大汶口文化遗址中。2018年，在大汶口遗址之西的泰安市宁阳县伏山镇也出土了这一图像文字。文字不约而同地刻在了具有礼器属性的大型陶尊的口沿部，摹刻形式几乎完全一样。关于图像的释读，专家有不同的认识。上部的太阳及下部的山意见相同，问题出现在中间部分，为"火"？为"云"？从象形表达及有关古文献记载来看，应是对于"火"的描绘。而下面的大山，就是泰山。这与《尚书·舜典》所记录的舜帝在春天的二月，登泰山烧火祭天的情境相同。

　　它是一幅画，太阳、火焰、大山，以象形作表达。它有一个完整的故事：太阳，代表的是天；火，是人与天沟通的形式；山，示意高上加高，接近于天。这是先民在泰山上烧火祭天的一个场景。这个文字多次出现在大汶口文化不同的遗址中，表明它的使用空

一、洪荒与文明:"歌未竟,东方白" 47

间很广,我们猜想当时会有一个读音,以适应于不同场合的表达。

在我们5000年的文明史中,这种高上加高(或在山上,或筑坛以示)燔柴祭天的表现形式,历朝历代始终没有变过,也没有停止过。初衷不改,一直延续了下来。

一个字,画就人与天对话的基本模式。这是我们所见的最早的祭天模式。

一个字,成就中国传统宗教祭祀史。因为祭祀莫大于祭天。

"☗",还有一个简体"◡",表明它在当时具有较高的辨识度,即便在没有"山"的情况下,也不影响它意思的表达,因为祭天一定会在山上进行。

[轶事搜索]

有几件刻有文字的陶器和陶片……这确实是文字——不仅仅是图画——已经有了被公众接受的形式,在较大地区被使用。其中一个字表示相同的太阳和在一座有五个尖顶的山上的云或者海,很像泰山拔地而起。

根据古老的传说,太阳每天从泰山升起,然后开始在天上运行。因此泰山在新石器时期的太阳崇拜中扮演某种角色,但是人们对这一点知道得不多。陶器以及装饰它们的文字与这种崇拜有关。

——摘自[瑞典]林西莉《汉字王国 讲述中国人和他们的汉字的故事》

"柴望"模拟图

一叶知秋见精神

事物的发展,总有它自身的规律性。种种现象,也总会透露出深层的内在。

泰山脚下大汶口遗址,继1959、1974、1978年三次规模较大的发掘后,又进行了多次的探查、发掘,出土的文物数以万计,涉及社会的方方面面,足够专家教授们带出几个博士,也足以让博士后们不必出站,深入探究。

在这里,让我们把注意力放在大汶口遗址出土的几件具有代表性的文物上,开一个窗口,去探寻5000年前大汶口人的精神世界。

与礼相伴的彩陶豆

豆,作为器皿,最初是陶质的,到了青铜器时代变为铜质。豆本是盛食器,后来演变为祭祀的礼器。甲骨文"礼",就是以"豆"为主体骨架的,像用豆盛满食物以献神之形。繁体字的"禮",仍可见其"豆"的存在。

大汶口遗址出土的八角星纹彩陶豆

泰安市博物馆所藏的八角星纹彩陶豆，通体彩绘，豆腹部白、红相间的"八角纹"最为抢眼。腹周有五个形状相同的八角纹，其可拆解为一个方心，周边有八个（上下左右分别有两个）三角纹。对于这一图案尚有不同的释读，有学者认为是对太阳的表意，周边的八个角表达了太阳的光芒四射，中间的方形象征着大地，表现出人们对世界的认识和天地自然的敬仰。也有的学者认为这是一个对祭坛的描绘，中间是个方坛，四周环以水，这是后世明堂的雏形。无论哪种解释，都有一种信仰的强烈表达注入其中。

神秘莫测的象牙梳

梳子长方形，由象牙皮制成，齿面由十六个细密的梳齿组成。它是迄今为止史前时期保存最为完好的梳子，成为大汶口牙梳"倚老卖老"的显赫资本。但最有价值的还在于它梳体上雕刻的纹饰，其中的奥秘鲜为人知。

图案的构成较为复杂，主体图案是由断续的三条平行线画出一个"8"（或称"S"）形图案，在其上端还有四个缺口、三个圆孔。图中的轮廓线，用三条线组合成形，表现的是太阳、月亮、星辰三者（由上端的三个圆孔表示）运行的轨迹。"8"字形中"T"，表示上下，表明是在运动状态之中。

研究表明，此图案可能表达着先民对天体运行的理解。再从图案的外在形象特征看，或即"太极图"的雏形。大汶口先民的智慧远远超出我们的认知，其中的天文学价值及哲学意义都堪称人类文明进步的里程碑。

护身的灵物獐牙器

当一种物品没有了通常情况下的使用价值，却能得到人们的喜爱甚至崇拜，表明其已经质变为精神的依从了，其外在形式只是一个壳。"獐牙"就属于这一类。

在大汶口墓地中，随葬獐牙的现象极为普遍，无论男性、女性，无论幼、长，也不分富有、贫穷，有一个或几个獐牙随葬成为常态。獐牙的普遍使用，表明当时佩带獐牙是一种十分流行的习俗。

獐，属小型鹿类，四肢发达，行动敏捷，因雄性獐有獠牙露在嘴外，故又称牙獐。大汶口时期，气候条件如今之长江流域，故有牙獐生存，先民获得獐牙属于就地取材。人们看重牙獐行动机敏的特点，所以

[文献索引]

（梳）长16.7厘米。为长方形象牙皮制成，有十六个细密的梳齿，齿端略薄，把面稍厚，近顶端穿圆孔三个，顶端刻四个豁口，梳身镂花纹，用平行的三道条孔组成"8"字形，内里填"T"字形的图案，界框仍由条孔组成。
——摘自《大汶口：新石器时代墓葬发掘报告》

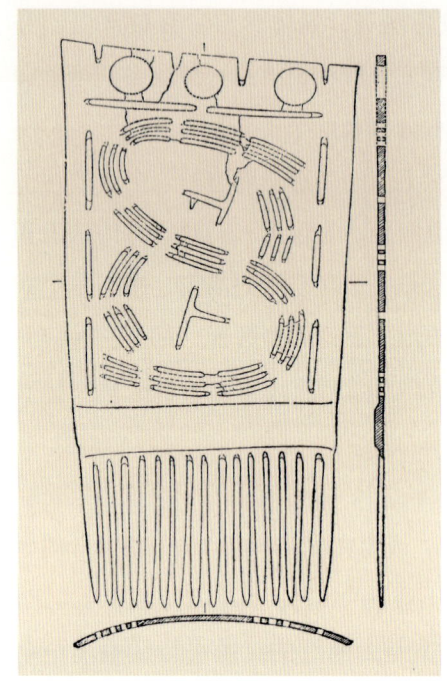

大汶口遗址出土的象牙梳线描图 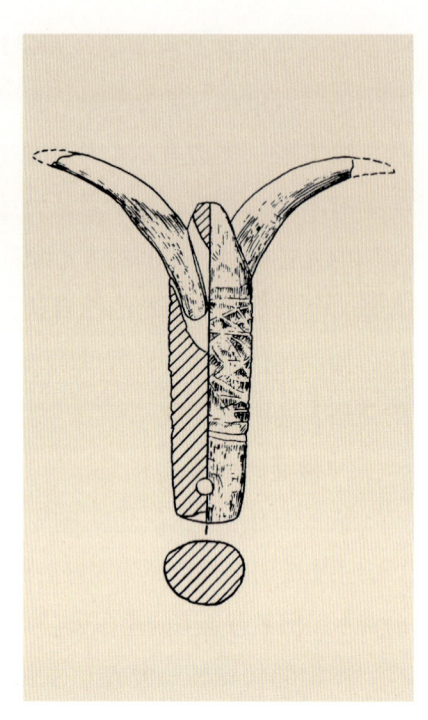　　大汶口遗址出土的獐牙器线描图

联想如有了这种能力或许能逃脱或避免危害的发生，而獐可由牙齿来承托，所以獐牙成为避害去险的象征物。为便于携带，有的獐牙还装有手柄。当一次次脱险成功后，在人们的意识中獐牙就有了神秘的力量，由此成为佑护于人的灵物。

憨态可掬的兽形器

红陶兽形器（壶），通体施红色陶衣，头部高扬，腹部浑圆，四肢壮硕，短尾上翘呈兽形。兽头部的塑造最为精彩，耸耳，拱鼻，张口，双耳还穿了两个小孔，形态可爱。这种造型，为大汶口文化所独有。由于它的稀有性及制作工艺的精美，成为山东省博物馆十大镇馆之宝之一。

人们为它便于使用，造型优美，集实用性与仿生艺术于一身而赞不绝口。但从制作者的精美设计、精心制作来看，似已脱离了使用的价值，应是对某一种精神的张扬，具体表达如何尚需探讨。

华贵的彩陶背壶

背壶是背水之容器，为了便于贴近背部，其圆腹有一面是扁平的，在增加稳定性的同时，也增加了人体的舒适度。器形脖颈高，为的是行

一、洪荒与文明:"歌未竟,东方白" 51

大汶口遗址出土的红陶兽形壶

大汶口遗址出土的彩陶背壶

大汶口遗址出土的玉铲

大汶口遗址出土的石勺

走时壶中的水不易溅出。在扁平面的两端有两个对称环形耳，以便于系绳之用。与扁平面相对的还有一个穿孔的鼻形小钮用以拴绳，方便倒水。这种形式的盛水器，为大汶口文化所特有。

看到的这件彩陶背壶，不同于日常使用的背壶，玲珑小巧，装饰精美。通体红衣，以黑白两色绘纹。颈部上方绘三个等距的同心圆，肩部周施涡纹，腹部绘上下交叉的三角纹，底部绘两排联珠纹，纹饰繁缛，色彩对比强烈，视觉上极富冲击力。

同时出土的背壶都没用如此繁华的装饰，大多素面，而个头要比这一背壶大得多。可以肯定这一背壶（高仅16.9厘米）已不在使用之列，故被认为是专用于随葬的明器。是否还有其他之用不得而知，但其使用功能已经发生变化是毋庸置疑的。

大汶口遗址出土的表达精神要素的文物还有很多，又如作为礼器的碧玉铲、勺形石器等，都为泰山信仰的发生、发展起到了基因储备的作用。

亭亭山上松

二

神圣与谦卑

自尊、自信、自强

　　泰山以"大"为名，雄伟、高大、壮美是他的同义词。

　　泰山是一个文化的高峰，也是多元一体的典范。

　　泰山是国家统一的象征，"民惟邦本"，国泰民安。"高而可登，雄而可亲"，没有贵贱，不限地域，不分种族，和合与共。

　　泰山是民族的，也是世界的。

二、神圣与谦卑：自尊、自信、自强

[文献索引]

汉征和之四年，帝亲耕钜定，返驾泰山。封禅既毕，还朝甘泉。于是东方大夫上千万寿，已而言曰：臣等昨奉国家，告成岱宗，因得览观于岩之东，臣询其名，是曰日观。其ân莫穷，上薄云汉。……帝曰：嘻！若是则高矣，极矣，大矣，特矣，壮矣，赫矣，骇矣，惑矣！

——［明］唐肃《日观赋》

当一种理解、一种认识，固化为一种信念、一种精神，那就会被更多的人或群体所信守，并在历史延续中焕发出时代的光芒。"泰山"二字第一次落脚到汉字的范本上，就是一个"高"而"大"的形体空间，继而走向"礼制"与"正统"的社会模本。时间是最好的说明，几千年来，泰山始终是中华民族心灵上的"靠山"。

"仰之弥高"——一个不曾改向的信念

雄才大略的汉武帝，不远千里、百折不挠地来了泰山8次，一通"无字碑"彪炳千秋。时隔1500年，明代的文学家唐肃来了。岱顶观日，激情澎湃的他想到了汉武帝，于是给后人留下了一首意气激昂的《日观赋》，借汉武帝之口对泰山发出了"高矣，极矣，大矣，特矣，壮矣，赫矣，骇矣，惑矣"的惊叹。八个排比，十六个字，让人清清楚楚地明白了什么叫"登峰造极"。历史的不期而遇，给了唐肃一个畅所欲言的机会。

"泰山"名之由来

在历代的典籍中，泰山有"泰""岱""大""太""岳"之称。

说"泰"。许慎的《说文解字》释"泰"：是一个会意字，其形为双手捧水，水流下滑。其音"大"（太）声。许氏又补充说："夳"，是"泰"的古字，即"泰"为后起之字。"夳"，音"大"，字形"夳"（大之下有两点），是大中之大的意思。段玉裁的《说文解字注》作了进一步的解释：凡言大的事物，如果用"大"还不能够表其意、尽其形，那么就会用"太"字来形容。

说"大"。《说文解字》：音太，凡言大的范畴，都从属于"大"。天、地为大，人亦为大，"大"为人之形。大字上加一横，就是天了，"至高无上"，其大无二。

说"太"。《说文解字》无"太"字，在后世看来，许慎之所以未收"太"，因为"泰"（"夳"）即"太"。《广雅·释诂》说："太"，即"大"。故又有大而极才为"太"的说法。《说文解字注》主张，

《说文解字》释"泰"
《说文解字》释"大"

豪气干云——傲徕争峰

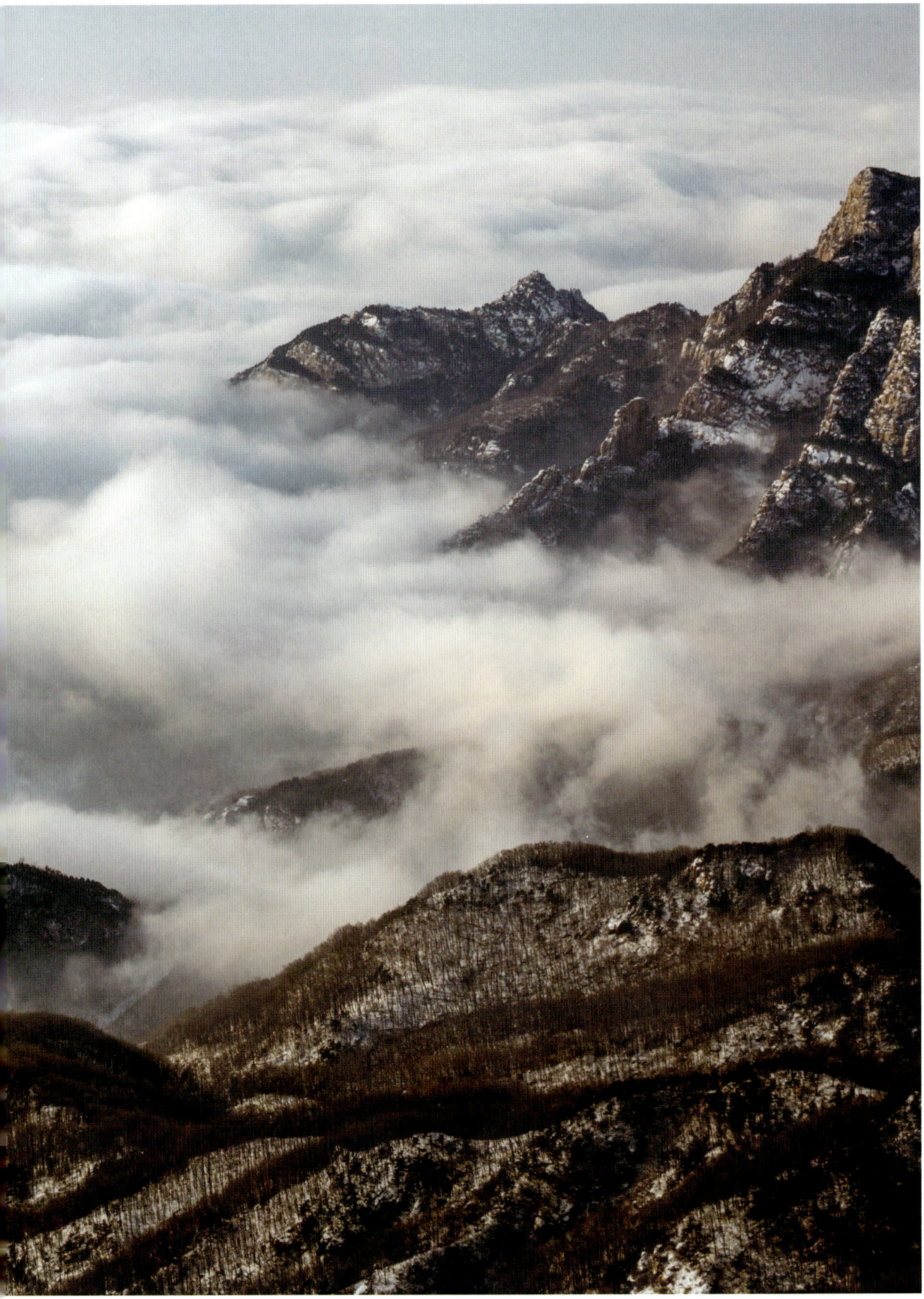

"大"作"太"者，是一种风习所致。可以说，泰、大、太相通，可互为作用。

说"岱"。这是泰山的专用字。《说文解字》解释说：岱，就是太山。《说文解字注》再作补充：岱，首先是大山所指，并且是疆域内最大之山。换言之：岱是大山中的大山。岱（岱宗），专指泰山，是泰山的专称，与其他山岳无关。

说"岳"。以许慎的说法，古文从山，象高之形，也就是对高山的摹写。其字通常与"五岳"为伍，各代表一方领域。泰山是为东岳，王者巡守柴、望之首站。

简而言之，泰山名泰、大、太、岱、岳，皆来自大山之大。当我们翻阅古典文献（尤其是先秦诸子之文）时，所言"大山"之名，几乎无一不是泰山。在传统的文化语境中，以大为美、以高为美，是中华民族审美标准与价值判断的基本取向。它始终与伟大、高尚、自强，密切关联。

《说文解字》释"岳""岱"

"登泰山而小天下"

俗话说得好："站得高，看得远。"位置的高度，决定了你视野的宽度与纵深。孟子说：孔子登鲁国东边的山峰，感觉鲁国小了；登北面泰山，则感觉天下小了。不论"登高望远""高瞻远瞩"自然之理，还是"欲穷千里目，更上一层楼"的人生哲思，立足的高低，往往决定了视野的远近、格局的大小。泰山之所以"高"、之所以"大"，当然有其形体的高大，但更多的是其所具有的文化视野之"高"、之"大"，是借形而言理，凭势而喻道。

孟子是以泰山之高、孔子之尊，演说这一再普通不过的道理。那是一个文化的先行者，站在一个文化的高峰，对天下"大文化"的一次俯视与评判。

与"小天下"相类似的，还有孔子在泰山望吴的故事。一天，孔子偕弟子颜渊登上泰山，南望看到了吴国的宫门，门外还拴有一匹白马，便问颜渊：看到宫门了没有？颜渊回答说：看到了。孔子又问：门外还有什么？颜渊答曰：有似白绢之类的东西。孔子看得真切，而

[文献索引]

孟子曰："孔子登东山而小鲁，登太山而小天下，故观于海者难为水，游于圣人之门者难为言。观水有术，必观其澜。日月有明，容光必照焉。流水之为物也，不盈科不行。君子之志于道也，不成章不达。"
——《孟子·尽心上》

二、神圣与谦卑：自尊、自信、自强　　61

"孔子登临处"石坊

"孔子小天下处"碑刻

孔子圣迹图——望吴门马

孔子庙门联

二、神圣与谦卑：自尊、自信、自强

颜渊却不能。为什么？因为即便在同一高度，如无"精神"的高度也是不行的。泰山距吴国宫城有千里之远，从生物学的角度来看，仅用肉眼不会得见，纵使是孔子。所以王充说"非颜渊不能见，孔子亦不能见也"，白马之辨，赞颂的同样是孔子的文化精神（用古人的话说叫"圣之神"）的高度为他人所无，也远不是颜渊所能达到的。这种望远耗"神"，竟让"功力"不足的颜渊下山后头发便白了，牙也掉了，不久就去世了。

成语"出类拔萃"，说孔子也说泰山。泰山是天地自然之标示，孔子是世间生民之人杰，都是超乎于同类者。泰山有一石刻云："孔子圣中之泰山，泰山岳中之孔子"，具有同工之妙。又有山上孔子庙山门集联曰："仰之弥高，钻之弥坚，可以语上也；出乎其类，拔乎其萃，宜若登天然。"更具精神内涵。

"受命然后得封禅"

如果说"小天下"是一种精神的高度；那么，管子的"封禅"说则是一种精神的深度。在中国历史上，齐桓公算是一个了不起的人物，曾"九合诸侯，一匡天下"。因为有了这些盖天大功，他要到泰山封禅。当时封禅之说兴起，言明王者有了一定的功德，统一了天下，并有祥瑞（符应）出现，就可以到泰山举行这一受命于天的仪式。齐桓公自认为理应去泰山炫耀一番，但管仲打消了他的这个念头。

以管仲的说辞，齐桓公还不具备封禅的资格，主要在于他还没有相应的符应。这表面上看是针对吉祥之兆提出的，但其实是暗指齐桓公还没有达到天下一统的目标。"鄗上""北里""东海""西海"，这是一个大一统的地理概念。在管仲的眼里，国家统一，天

[轶事搜索]

传书或言：颜渊与孔子俱上鲁太山，孔子东南望，吴阊门外有系白马，引颜渊指以示之曰："若见吴阊门乎？"颜渊曰："见之。"孔子曰："门外何有？"曰："有如系练之状。"孔子抚其目而正之，因与俱下。下而颜渊发白齿落，遂以病死。盖以精神不能若孔子，强力自极，精华竭尽，故早夭死。……非颜渊不能见，孔子亦不能见也。何以验之？耳目之用，均也。目不能见百里，则耳亦不能闻也。

——[东汉]王充《论衡·书虚》

[文献索引]

麒麟之于走兽、凤凰之于飞鸟、泰山之于丘垤，河海之于行潦，类也。圣人之于民，亦类也。出于其类，拔乎其萃。自生民以来，未有盛于孔子也。

——《孟子·公孙丑上》

[文献索引]

桓公既霸，会诸侯于葵丘，而欲封禅。……于是管仲睹桓公不可穷以辞，因设之以事，曰："古之封禅，鄗上之黍，北里之禾，所以为盛；江淮之间，一茅三脊，所以为藉也。东海致比目之鱼，西海致比翼之鸟，然后物有不召而自至者十有五焉。今凤凰麒麟不来，嘉谷不生，而蓬蒿藜莠茂，鸱枭数至，而欲封禅，毋乃不可乎！"于是桓公乃止。

——《管子·封禅篇》

管仲

下大治,是封禅的基本要义,也是一个"盛世"的基本标志。齐桓公达不到这个标准,封禅泰山遂成南柯一梦。

泰山自有泰山的尊严。泰山祭祀大典是江山一统、国泰民安的象征,容不得半点的马虎与虚饰。

"自古受命帝王,曷尝不封禅?"

管仲有一定之规,到了司马迁那里,封禅的神圣性得到了继承,但在赞许声中,嘲讽怨气一并袭来。

司马迁写《史记》,特辟《封禅书》一卷,表达着他对这一无上荣光的重视。他认为自古以来没有不想封禅泰山的帝王,但封禅需要的两个基本条件:一是符瑞,二是功德。而且强调其"德洽""功至",这才是"每世之隆"的前提条件,也是封禅的基本标准,表现出事在人为的道德精神。正因为封禅的条件不容易满足,英主不世出,封禅才成为旷世大典。

司马迁不认同秦皇汉武的封禅,因为他们夹带着奢望长生成仙的"私货"。在不能公开指责的情况下,只有暗行讽谏之能。秦始皇、汉武帝将海上寻仙

[名词集解]

封禅 是在泰山所举行的一种祭祀天、地的礼仪。封,即在泰山上筑坛烧柴以祭天,报答天之功;禅,即在泰山下小山上筑坛以祭地,报答地之功。封禅说的出现,表达着人们渴望改朝换代,有新一代君主出来平息当时战乱的局面的朴素愿望。它的依据是将五行(金、木、水、火、土)相克相生的循环理论运用于社会的发展之中,就有了所谓的"五德"(金德、木德、水德、火德、土德)。"五德"以次转移,衍生出一个新的王朝。君权神授,顺应天命,由此也获得了必然的合法性。封禅学说首先由统一六国的秦始皇得以实践,并以"水德"之运改制,封祀泰山。自秦始皇后,先后有汉武帝、汉光武帝、唐高宗、唐玄宗、宋真宗至泰山举行过这一大典。

[文献索引]

自古受命帝王,曷尝不封禅?盖有无其应而用事者矣,未有睹符瑞见而不臻乎泰山者也。虽受命而功不至,至梁父矣而德不洽,洽矣而日有不暇给,是以即事用希。《传》曰:"三年不为礼,礼必废;三年不为乐,乐必坏。"每世之隆,则封禅答焉,及衰而息。

——《史记·封禅书》

秦泰山纪功刻石残存十字拓本（为秦二世刻文）

[轶事搜索]

是岁天子始建汉家之封，而太史公留滞周南，不得与从事，故发愤且卒。而子迁适反，见父于河洛之间。太史公执迁手而泣曰："余先周室之太史也。自上世尝显功名于虞夏，典天官事。后世中衰，绝于予乎？汝复为太史，则续吾祖矣。今天子接千岁之统，封泰山，而余不得从行，是命也夫，命也夫！"

——《史记·太史公自序》

看作是封禅的一部分，每每被兴风作浪的方士们戏弄得神魂颠倒而不思悔改，趁着封禅泰山的机会，派人到海上寻找神奇仙药，封禅的目的不够纯粹，甚至有种亵渎的色彩。秦始皇最终仙药"不得"，死在求仙的路上，汉武帝也以"终无有验"，尴尬收场。

汉武帝封禅泰山之时，司马迁之父司马谈因滞留洛阳一带而不能躬逢盛典，让这位太史公愤悔万分，以致忧病交加，临终前拉着司马迁的手泣不成声：天子封泰山而我不能从行，是命运不济。他在"命也夫！命也夫"的悲叹声中遗憾离世，从中也可以看出一代史官对泰山封禅的重视与憧憬。

汉武帝封禅"纪号石"——无字碑

"厚德载物"——"泰山不让土壤"

[文献索引]

东方泰山……尊曰岱宗，岱者，长也，万物之始，阴阳交代，云触石而出，肤寸而合，不崇朝而遍雨天下，其惟泰山乎！故为五岳之长。
——《风俗通义·山泽·五岳》

泰山，山之尊。一曰岱宗。岱，始也；宗，长也。万物之始，阴阳交代，故为五岳长。
——《尔雅·释山》引

东岳所以谓之岱者，代谢之义。阳春用事，除故生新，万物更生，相代之道，故以代为名也。
——《太平御览》卷十八引《三礼义宗》

在泰山最具代表性的庙宇——岱庙（岳庙），前后大门名之曰：正阳、厚载（后宰）。"正阳"，是日中之气，"厚载"是大地之德，这是天与地的唱和。"天行健""地势坤"，一阴一阳，承载着一座大山的担当。"泰山不让土壤"，以谦卑为怀，故有了高而大的形貌。这是自然之象，更是文化之象。斗转星移，无论何朝何代，文化的多元发展总是社会发展的大势，泰山在不同的历史时期，同样履行着应尽的责任与义务。

以德担当

泰山十八盘上端东侧的一块刻石引人注目："仰不愧于天，俯不怍于人。"这对登上泰山的人来说，无疑是一种高尚人格的启迪。

自古以来，泰山有"始生万物"之说。生就是德，故有"天地之大德曰生"。日出东方，泰山被赋予了"生"的无限能量，成为万物萌发的标志。东汉的泰山太守应劭曾总结说：泰山谓之岱宗，岱之为始，宗之为长，"万物之始，阴阳交代"。

依照这一思维方式，泰山也就成为"交代之处"，新旧更迭，朝代的兴替也就必须在泰山有所体现。元代的皇帝在宋真宗所封"天齐仁圣帝"的基础上，再加号"大生"二字，名之曰"天齐大生仁圣帝"，清代乾隆皇帝直接为泰山神题额"大德曰生"，无不在突出一个"生"字，德配天地，生生不息。

泰山封禅的基本精神在于一种政治担当，对应到现实中，就是天下统一、国泰民安。"受命"的提出，是在告诫统治者要敬畏天地，但有时竟被当政者利用而成为一种变相革命的堂皇借口。封禅对德（"德治"）的要求，则体现着以人为本的基本精神。在封禅中泰山是天、地的承载者，实践着德配天地的角色。奉祀泰山神的大殿高悬"配天作镇"匾额，这是清康熙皇帝所题，表达着对泰山担当的尊崇与礼敬。

以礼制著称的中国，有以山为镇的制度，这是对国泰民安的一种期许。四方之一方都有一方的镇山（取域内中最大之山），一国要有一国的镇山（取国中最大之山），泰山责无旁贷地成为镇国之山。泰山神双手所捧的玉圭，就命名曰"镇圭"。大山何以为镇？在古人的认知中，山为镇，"所以安地德也"，仍然是由"德"起着决定性的作用。

乾隆皇帝在位时，还不时地为泰山神颁赐祭器，其中的"温凉玉圭"被后人称之为"镇山三宝"之一，表达的也是这个意思。玉圭的图案上为三星（太阳、月亮、星辰），下为河、海、岱，这被古人称为"六宗"，落在玉圭身上，代表着天地。

在民间所遗存的"石敢当"习俗，则是以石为镇，是泰山的象征，借泰山之威守护家人的平安。世界上凡有华人的地方，都有这种习俗的存在。泰山赋予了"石敢当"勇气、担当，以及百分百的正能量。面对邪恶，一石可当，不畏惧、不退缩，挺身而出，拒邪恶于家门之外。

[文献索引]

以玉作六瑞，以等邦国：王执镇圭。

注曰：镇，安也，所以安四方。

——《周礼·春官·大宗伯》

[名词集解]

泰山石敢当习俗　一个家庭院落的正门（大门），如若直对着道路要冲（桥梁、巷口等），常立一石（或石碑），上刻"石敢当"，认为可以禁压不祥。谚语说："石敢当，镇百鬼，压灾殃。官吏福，百姓康。风教盛，礼乐昌。"赋予了石敢当更多的社会责任。这种习俗由来已久，它源起于灵石崇拜，是由以山为"镇"的观念延伸而来。"敢当"，即敢于担当，有能力化解一切灾殃。石来自大山，是山的化身，山的地位也决定了石的能量，而泰山是域中最大的大山，故"泰山石敢当"成为最佳的选择。2006年5月，"泰山石敢当习俗"经国务院批准，列入第一批国家级非物质文化遗产名录。

岱庙所藏玉圭　　关中民俗艺术博物馆所藏"泰山石敢当"石柱

二、神圣与谦卑：自尊、自信、自强　　69

供奉于香港北帝庙中的"泰山石敢当"

四川桃坪羌寨的泰山石敢当

儒道和合

儒道的融合在泰山堪称典范。影响深远的封禅大典，从秦皇汉武到唐高宗、玄宗，直至宋真宗，他们都以高昂的政治热情在中国史上写下浪漫一笔。然而封禅的初始，是由儒、道两家共同完成的。如果没有方仙道对"大九州"的猜想，就不会有封禅观念的孕育、发生。同样，如果没有儒家对传统礼制的执着信守，岂有那千年延续的历史？还有著名的《五岳真形图》，也都是儒道融合的产物。

道教本身就包含着儒家思想。道教形成后，如果没有儒家思想的支撑，那么就不会在泰山获取一片新的天地。唐代著名道士王希夷，在唐玄宗封禅

> [轶事搜索]
>
> 王希夷，徐州滕县人也。……刺史卢齐卿就谒致礼，因访以字人之术，希夷曰："孔子称'己所不欲，勿施于人'，可以终身行之矣。"及玄宗东巡，敕州县以礼征，召至驾前，年已九十六。上令中书令张说访以道义，宦官扶入宫中，与语甚悦。
>
> ——《旧唐书·隐逸·王希夷传》

"六帝一后"行道建醮记
——《双束碑》

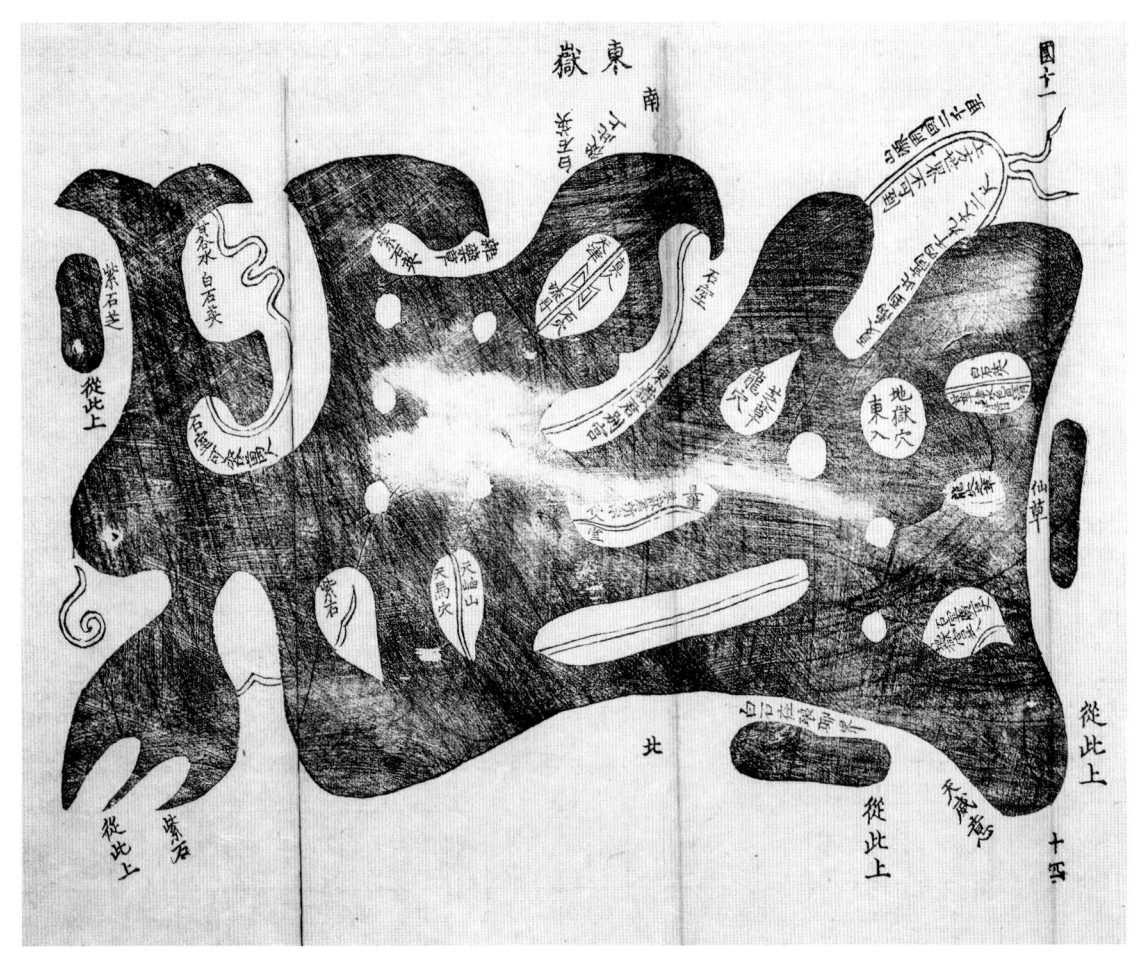

《洞元灵宝五岳真形图》之泰山真形图（采自明万历版《正统道藏》，泰安市博物馆藏）

时曾被召至驾前，相谈甚欢。这位受宠的道士本就"好《易》"，常挂在嘴边的一句话就是孔子的"己所不欲，勿施于人"，并以此作为"终身行之"的准则。这都显示了儒与道在泰山的有机融合。

武则天是泰山道教发展的助推者，是她将当时泰山中庙改易为"岱岳观"，原本奉祠的岳神变成了元始天尊，并成为"六帝一后"（高宗、中宗、睿宗、玄宗、代宗、德宗，周武则天）热闹的建醮场，这是道教一个不小的胜利。宋真宗则将汉武帝专为泰山祭祀所设立的奉高宫改成了道教的宫观——"会真宫"，设施、像设、道士都被他安排得妥妥当当。自汉以来都由中央政府管理的岱庙，金、元时期则有了道士的进驻，依靠朝廷的权势，开始职守泰山。

佛光流照

唐代有位禅师说了一句"吃茶去"，遂成一宗千年经典公案，也让更多的人了解了禅宗独有的境界与妙悟。到了清代，泰山脚下普照寺的一位禅师再言"各各归寮，吃茶去"，历久弥新，再续禅缘。这位高僧名叫元玉，是临济宗第三十三代法嗣。康熙来泰山，元玉曾奉命为其讲法，是在泰山功业斐然的一代宗师。

元玉崇儒归释。在他的理念中，儒释一家，佛祖圣贤并列，释与儒同论。忠孝即佛心，佛与儒实为一理而异名。康熙东巡，元玉曾迎驾于云步桥上方的御帐坪，为其说法，时时挥麈竖拂，颇有风范。末了，康熙尽索禅师语录、诗文，以备阅览。

佛教东来，用泰山的冥世观念构建起一个新的地狱世界，甚至在佛经中将地狱直译为泰山。同时，泰山的生死观念与佛教的轮回说教相融合，形成了你中有我、我中有你的中土地狱观。文化碰撞、交流与吸收，总是双向的。

泰山的寺庙布局、规模，佛教竟略胜于道教。山阴的灵岩寺、神通寺一时称盛，山阳的竹林寺、普照寺、冥福寺，尽占一方地利。在泰山，如果要找一处"三教合一"的范本，非现在竹林景区莫属。方圆不到一平方公里的范围内，儒之五贤祠、道之三阳观、佛之普照寺，三家相邻而居，和谐共处。

二、神圣与谦卑：自尊、自信、自强　　73

生我者天地娘
我者尼父知我
者释迦且道我
即是谁善财参
绵文黑豆未生
平
清传临济正宗三十三
世岱兵禅宗第一
代住持普照古菊
玉彩僧自题

普照寺高僧元玉画像

"大合鬼神"

远古的一天，黄帝合鬼神于泰山之上。黄帝驾驶着有六条蛟龙拉着的象车，好不威风。木神毕方就随行在象车之侧。蚩尤充当开路先锋，风伯与雨师清道，虎狼、鬼神、腾蛇、凤凰紧紧围绕于黄帝的四周。这是一个神话，表现的是各个氏族都聚集泰山，显示出一个大家庭的赫赫威仪，昭示着一个强大民族的诞生。

遥想黄帝大合鬼神的场景，或许如《泰山神启跸回銮图》中的泰山神，其銮驾（六马玉辂）、神态尽显威严。这是一个部落联盟聚会的场景。"鬼神"显示的是大小不同氏族的图腾，黄帝是借泰山这一文化高地完成了统一的大业。

而另一则神话，也以泰山为背景。黄帝与蚩尤开战，九战而不胜，回到泰山得到了无往不胜的战法，于是战胜了蚩尤。在两则不同的神话中，蚩尤出现了两个不同的境地。一个是作为黄帝的部下，生龙活虎；一个是作为黄帝的对手，惨败收场。从信息的表达看，泰山是个风水宝地，亲者昌，离者衰。

[轶事搜索]

昔者黄帝合鬼神于泰山之上，驾象车而六蛟龙，毕方并辖，蚩尤居前，风伯进扫，雨师洒道，虎狼在前，鬼神在后，腾蛇伏地，凤凰覆上，大合鬼神，作为清角。

——《韩非子·十过》

[轶事搜索]

黄帝与蚩尤九战，九不胜。黄帝归于太山，三日三夜雾冥。有一妇人，人首鸟形，黄帝稽首再拜，伏不敢起。妇人曰："吾玄女也，子欲何问？"黄帝曰："小子欲万战万胜。"遂得战法焉。

——《太平御览·黄帝玄女战法》

二、神圣与谦卑：自尊、自信、自强　75

玉泉寺石虎（北魏）

神通寺龙虎塔（唐）

俨然帝王模样的泰山神

多边共处

我们仅从封禅的场面就可感知到,泰山是一个文化的大舞台,不同国度、不同种族都有表演的空间。唐高宗封禅的队伍中,东自高丽、西至波斯诸国的朝会者兴师动众,所用毡帐及牛羊驼马,竟能将道路堵塞。有狼山都督等三十位首领来到泰山,还勒名于封禅的记事碑。唐玄宗封禅,所到朝献之国还远胜高宗。日本、新罗、高丽、百济等,都有在位露脸的机会。

周边邻邦齐集泰山,无疑会加深彼此之间的理解与沟通,为和平相处创造了前提条件。如高宗之时突厥屡犯边境,封禅之后,近三十年"北鄙无事"。

宋真宗封禅,仍有番夷酋长从祭泰山,并于《朝觐颂》勒名。岱庙大殿现存的《泰山神启跸回銮图》,便是以真宗封禅为蓝本的,于壁画中可见番邦异人形象,颇具异域风情。

泰山够大,容得下多元文化。多边信任,和平相处,泰山以中华民族宽广的心胸以及极强的亲和力,为域外各方走向合作提供了一个广阔的活动空间。

二、神圣与谦卑：自尊、自信、自强　　77

[文献索引]

高宗东封泰山，狼山都督葛逻禄社利等首领三十余人，并扈从至岳下，勒名于封禅之碑。自永徽已后，殆三十年，北鄙无事。
——《旧唐书·突厥上》

（玄宗封禅）……戎狄夷蛮羌胡朝献之国，突厥颉利发，契丹、奚等王，大食、谢䫻、五天十姓，昆仑、日本、新罗、靺鞨之侍子及使，内臣之番，高丽朝鲜王，百济带方王，十姓摩阿史那兴昔可汗，三十姓左右贤王，日南、西竺、鼗齿、雕题、牂柯、乌浒之酋长，咸在位。
——《旧唐书·礼仪三》

法驾还奉高宫，日重轮，五色云见。……圜台奉祀官并于山上刻名，封祀、九宫、社首坛奉祀官并于《社首颂》碑阴刻名，扈从升朝官及内殿崇班、军校领刺史以上与蕃夷酋长并于《朝觐颂》碑阴刻名。
——《宋史·礼七》

壁画中充当文官的异人

壁画中充当武将的异人

壁画中跨象、牵象的越人

二、神圣与谦卑：自尊、自信、自强　　79

壁画中域外驭狮者

1987年12月11日，泰山被列入世界遗产名录。时任联合国教科文组织总干事的费德里科·马约尔，签署了世界遗产证书：

> 世界遗产委员会将泰山列入世界遗产名录。
> 泰山是全人类共同保护的具有突出和普遍价值的文化和自然遗产。

泰山成为中国首例世界文化和自然双遗产。

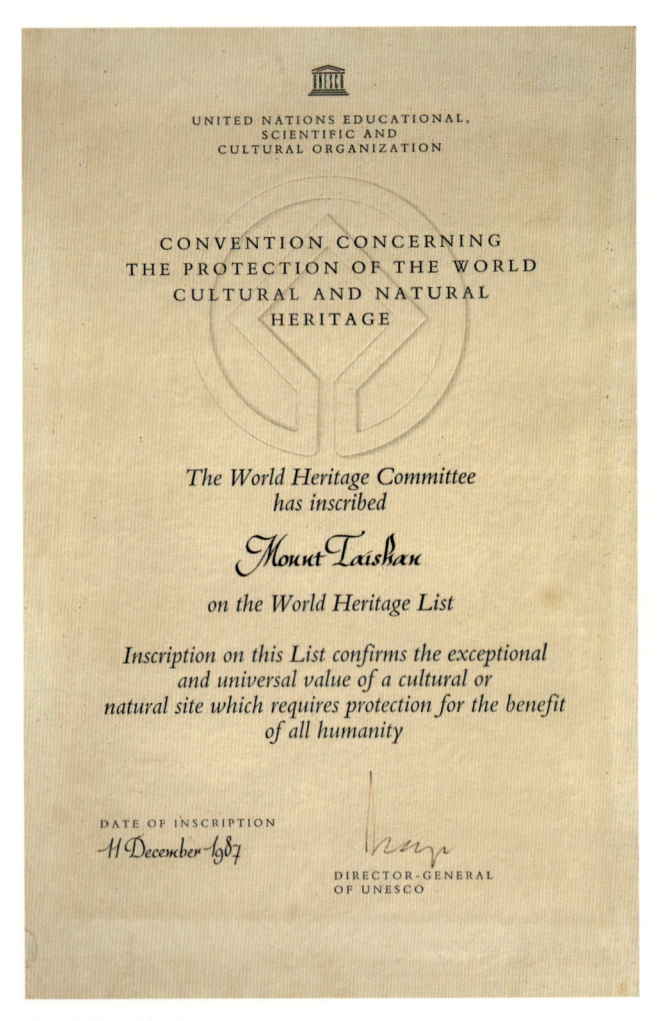

泰山世界遗产证书

泰山

MOUNT TAISHAN

山东省泰安市人民政府 一九八九年十月十五日 立

联合国教科文组织 世界遗产委员会 一九八七年十二月公布

泰山世界遗产标志碑

风卷云舒

三

冲突与融合

认知价值的嬗变

文化在碰撞中闪光,在相融中获取新生,发展才是文化的最终需求。泰山文化和而不同,能够适应社会的变换,"旧邦新命""知新致远",从而成为天下的公理。

[文献索引]

两种文化体系，发生接触，会产生影响。……文化水平有高低，征诸历史事实，总是文化高的一方（或民族、或集团、或思想流派）去影响文化低的一方，而不能倒转过来。

——任继愈《文化发展诸现象·文化接触的势差现象》

"风"，在汉语词典中出尽了"风头"。"无风不起浪""树欲静而风不止""山雨欲来风满楼"……人们似乎要跟"风"过不去，或作为成事的由头，或作为败事的根源。这也难怪，风总是领先在前的。传说中的风伯之神，就是冲锋陷阵的前驱者，在黄帝于泰山会合鬼神的队伍中，他是一位清道的开路先锋，路遇障碍，事起冲者。不过，如若迎来"风平浪静""风和日丽"，那又是另一番新天地。

泰山文化似风，是创新文化的引领者，对冲现实，引领潮头，在不断的冲突中包容、担当，从而走向和谐，实现共生。

民族认同——从区域文化走向主流文化

文化有差异就会有冲突，"狭路相逢勇者胜"。有研究认为，文化接触会存在"势差现象"，即高水平必然压向低水平。也像风一样，压强高的一方会吹向压强低的一方，级差决定了文化输出的方向。谚语所说"人往高处走，水向低处流"，讲的也是这个道理。泰山文化的传播具有主动性，立足包容，融解差异，彰显出蓬勃的生命力。

秦皇汉武的尴尬

第一个自号"皇帝"的人，在泰山备受困扰，苦不堪言。公元前221年秦嬴政一统六国，做了皇帝，第三年来到泰山封禅。封禅原是一种理念构想，还没有人亲身试验。因此，到了泰山下秦始皇便召集齐、鲁两国的方士、儒生70人，商讨相关事宜。方士是封禅的倡导者，但到了最后一步便没有了主意，说不出个子丑寅卯。儒生通晓古今，是礼制的编定者与实施者，但对封禅仍然是一头雾水。

封禅是为开国的帝王设定的，秦始皇去泰山顺理成章。但到了汉武帝，他是继体之君，本不该有此封禅大礼。但他好大喜功，加上摆脱了窦太后权势的束缚与控制，他要再来一次革命。于是公元

[文献索引]

即帝位三年，东巡郡县，祠驺峄山，颂秦功业。于是征从齐鲁之儒生博士七十人，至乎泰山下。诸儒生或议曰："古者封禅为蒲车，恶伤山之土石草木；扫地而祭，席用菹秸，言其易遵也。"始皇闻此议各乖异，难施用，由此绌儒生。而遂除车道，上自泰山阳至巅，立石颂秦始皇帝德，明其得封也。从阴道下，禅于梁父。其礼颇采太祝之祀雍上帝所用，而封藏皆秘之，世不得而记也。
始皇之上泰山，中阪遇暴风雨，休于大树下。诸儒生既绌，不得与用于封事之礼，闻始皇遇风雨，则讥之。

——《史记·封禅书》

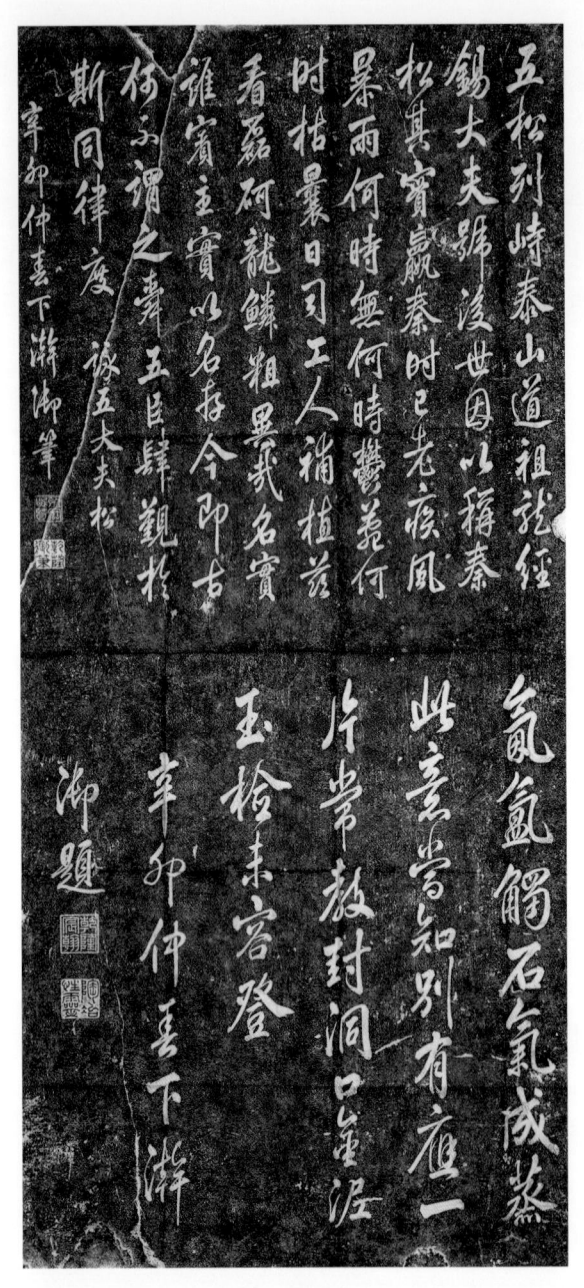

清乾隆皇帝题《五大夫松》刻石拓本

三、冲突与融合：认知价值的嬗变　　87

五大夫松旧影（1921—1931年）

泰山五大夫松及石坊

前110年，汉武帝封禅于泰山。尔后，竟一发不可收拾，接二连三地来了泰山8次，有了所谓的"建汉家封禅，五年一修封"的礼制。汉武帝封禅距离秦始皇封禅已过100余年，无论方士还是儒生对封禅的研究仍无任何进展。汉武帝自从有了封禅的打算后，首先与方士、儒生进行了沟通，仍然是"莫知其仪礼"，于是要将古时的"射牛"礼仪权作封禅之礼。几年后，将去泰山了，方士们又说，要仿效黄帝接待神仙的礼仪来封禅，还想尽办法用儒家的说法来修饰，但儒生拘泥于旧礼而没有新的发挥，最终汉武帝像秦始皇那样，"尽罢诸儒不用"。

秦始皇、汉武帝的封禅不顺，表面上看是方士与儒生（特别是儒生）跟他们过不去，其实是区域文化的差异冲突所致，是文化融合的前奏。秦皇汉武所在的陕西关中，与泰山所在的齐鲁之地分属不同地域，两相对比中凸显出文化特质的不同。秦始皇、汉武帝来到泰山，表明了对东方的认可，但东方却未曾全面接受西方的"革命"。两位封禅者最后都是罢儒生不用，自行其是上山行封禅之礼。最让儒生接受不了的，是秦始皇竟然用秦国雍上之礼祭天，不符合东方祭天的礼制，不能用西方的"小天"来代替一统后的"大天"。当秦始皇封禅遇到暴风雨，儒生便借机"讥之"，算是出了口恶气。又因秦始皇为了避雨躲于一松树下，又有了"五大夫松"的千年故事。

从秦始皇、汉武帝封禅后，又去海上寻仙遭遇失败的经历来看，区域文化在融合中会发生冲突是必然的。而就其封禅与寻仙的具体行为来看，"西方"的信仰系统还没有得到"东方"信仰的认同。

秦始皇东巡封禅、行祀旧齐的"八神"，是对东方

[文献索引]

自得宝鼎，上与公卿诸生议封禅。封禅用希旷绝，莫知其仪礼，而群儒采封禅尚书、周官、王制之望祀射牛事。……上于是乃令诸儒习射牛，草封禅仪。数年，至且行。天子既闻公孙卿及方士之言，黄帝以上封禅，皆致怪物与神通，欲放黄帝以上接神仙人蓬莱士，高世比德于九皇，而颇采儒术以文之。群儒既已不能辨明封禅事，又牵拘于诗书古文而不能骋。上为封禅祠器示群儒，群儒或曰"不与古同"，徐偃又曰"太常诸生行礼不如鲁善"，周霸属图封禅事，于是上绌偃、霸，而尽罢诸儒不用。

——《史记·封禅书》

[名词集解]

方士 以讲神仙为标榜的好仙之士，也叫"方术之士"。所谓"方"，指长生不死之仙方；"士"，指掌握这些不死仙方的人。其起源于战国时期燕、齐一带的近海区域，活跃于秦、汉。他们以不死之方、之术，取媚于统治者并获得信任，并在秦汉时期形成一个庞大而特殊的社会阶层，甚至影响到最高统治者的一些重要决策。当神仙学说、方士之术与阴阳五行相糅合成为方仙道，这就为道教的形成提供了理论帮助。

三、冲突与融合：认知价值的嬗变　　89

神祇的承认。而在封禅中，以雍上之祀在泰山祭天，实际上是西方之帝与东方之帝的融合，两帝合一才会有天下统一的至上神。无论东方是否认同这一"合一"，从法理上讲，秦始皇在泰山之巅的祭天行为完成了由雍之天向全国之天的过渡，确立起了至上神的雏形。

封禅的出现，即是不同区域文化大融合的产物。

"至上神"的确立

"至上神"，也就是至高无上之神。从逻辑上讲，如果社会上有了统一集权的王者，自然界就有了至高无二的自然神，但在秦代却没有形成。

旧秦有雍之四畤之设以祭天，迁都咸阳之后，仍维持这种格局，"唯雍四畤上帝为尊"，没有一个统一的至上"天"。在秦昭襄王时，还出现过"西帝""东帝"的说法（秦昭王为"西帝"，齐闵王为"东帝"），表现出不同区位的分别。这与始皇帝被称为"西皇"的概念是一致的。在秦始皇统一六国后，仍没有一个普天之下的至上神。

汉代立国，高祖以为天应有五帝，遂改秦有四帝之说，立黑帝，命曰北畤。这样就有了五帝之祀，但仍然没有一个统一而至上的神祇。到了汉武帝，终于有了至上神——"太一"。

设立"太一"之神，是方士的贡献。"太一"是天神"最贵"者，也就是独一无二，原有的天神"五帝"辅佐其下。太一神第一次露面是在长安南郊的祭坛上。祭坛三层，太一置于最上层，而五帝环居其下（青帝、赤帝、白帝、黑帝，各居其方，本应居中的黄帝只好置于西南角上）。在表现形式上宣告了太一神至高无上的天神地位。汉武帝所做的这些功课，实际上是为封禅准备的。公元前110年四月，汉武帝来到泰山后，于山下的东方行郊祠太一之礼，用封禅这一旷世之典宣告天下，成为汉武帝封禅泰山的一个标志性事件。尔后，在泰山明堂专设太一坛，每次修封都会在这里顶礼膜拜一番，甚至还可以不再登山施礼。

方士所提出的"太一"，登上天神的宝座，最终进入封禅大典的封坛，都是在泰山祭祀文化的影响下发生的。如果没有封禅说的由

[文献索引]

秦昭王……十九年，王为西帝，齐为东帝，皆复去之。
——《史记·秦本纪》

（始皇）又使徐福入海求神异物，还为伪辞曰："臣见海中大神，言曰：'汝西皇之使邪？'臣答曰：'然。''汝何求？'曰：'愿请延年益寿药。'"
——《史记·淮南衡山列传》

汉兴……二年，东击项籍而还入关，问："故秦时上帝祠何帝也？"对曰："四帝，有白、青、黄、赤帝之祠。"高祖曰："吾闻天有五帝，而有四，何也？"莫知其说。于是高祖曰："吾知之矣，乃待我而具五也。"乃立黑帝祠，命曰北畤。
——《史记·封禅书》

头,方士就不会有"太一"之方;如果没有汉武帝对封禅的痴迷,也就不会有这位至上神的出现。这是大一统背景下顺应时局的必然结果。"太一"作为至上神,在王莽改制时遭到终结。取而代之的是"皇天上帝",名称虽有改变,但其实质未变,都是以"天"为最高神。商周时期的神,多以"帝"称天,而"太一"之后,多以"天"称帝,这种传统一直延续到清代。在明清之时,皇帝圣旨习用的"奉天承运"启头,其中的"天"就受到了这种传统礼制的影响。

儒生与方士的较量

在不同的地理环境下,鲁国以儒生为名,齐国则以方士著称。秦始皇、汉武帝与方士、儒生发生矛盾,同时,方士与儒生之间同样存在着冲突。儒生与方士有着不同的归属,一个是固守传统,以礼为标榜的鲁文化;一个是放开视野,敢于标新立异的齐文化。方士与儒生针对封禅出现不同意见,就在于齐文化与鲁文化的差异。

方士与儒生理论上的根本对立:一在奉天"受命",一在不死"成仙"。因此,在封禅中自然会有排斥。方士在封禅中的表现一直处于上风,因为仙说拨动着秦皇汉武的神经,而于礼制则是一知半解,或可不管不顾,这对儒生必然造成冲击。而儒生面对方士的说法却唯唯诺诺,总怕由此得罪了皇上(方士已得到了皇帝的欢心)。秦始皇听闻儒生对封禅的"蒲车""扫地"之论,甚感"乖异",由此"绌儒生",这是方士的胜利。汉武帝封禅"颇采儒术",儒生却不争气,说不清事理,并拘泥于古经典籍而不能有所新意。汉武帝以封禅礼器示群儒,儒生又不知趣地说这说那,最终的结果只能是"尽罢诸儒不用"。方士领时代风气,以"仙说"抓着皇帝的心尽显潇洒,儒生们守礼而不开窍,堵了自己的后路。皇帝尴尬,儒生更为尴尬。

在方士与儒生的较量中,方士占有先机,但后来这一局面被打破,儒生占了上风。儒生们先学着方士的样子,取得皇帝的欢心,

[文献索引]

上遂郊雍,至陇西,西登崆峒,幸甘泉。令祠官宽舒等具太一祠坛,祠坛放薄忌太一坛,坛三垓。五帝坛环居其下,各如其方,黄帝西南,除八通鬼道。

天子至梁父,礼祠地主。乙卯,令侍中儒者皮弁荐绅,射牛行事。封泰山下东方,如郊祠太一之礼。……及五年修封,则祠太一、五帝于明堂上坐,令高皇帝祠坐对之。

——《史记·封禅书》

[文献索引]

周公卒,子伯禽固已前受封,是为鲁公。鲁公伯禽之初受封之鲁,三年而后报政周公。周公曰:"何迟也?"伯禽曰:"变其俗,革其礼,丧三年然后除之,故迟。"太公亦封于齐,五月而报政周公。周公曰:"何疾也?"曰:"吾简其君臣礼,从其俗为也。"

——《史记·鲁周公世家》

太公至国,修政,因其俗,简其礼,通商工之业,便鱼盐之利,而人民多归齐,齐为大国。

——《史记·齐太公世家》

三、冲突与融合：认知价值的嬗变　　91

阴阳分野——界分齐鲁

风劲雪枝头

接着开始制造神秘,在儒家原有经典的基础上神化天人感应,借以宣扬并维护儒家的价值观,做好皇帝与上帝的互动(到了这一步,儒生开始方士化)。这一招果然灵验,比起方士的"仙论"更有实用价值,于是儒生的地位渐渐超过方士。随着现实活动的展开,方士与儒生的优势发生逆转,最终大量方士见风使舵加入儒生的行列。武帝之后方士已不多见的现象,便是这一格局下形成的结果。

秦始皇末年,出现了"焚书坑儒"的大事件。其中的"坑儒",是由秦始皇海上寻仙的方士侯生、卢生而引发。两人寻仙不得,狂妄议政,又慌忙逃亡,让秦始皇勃然大怒,株连460多名"诸生"一并"坑之咸阳"。"诸生"中有方士,也有儒生,这时两者相融通已经很难区别。

[文献索引]

研究的结果,使我明白儒生和方士的结合是造成两汉经学的主因。……秦始皇统一六国,巡行到东方,因为方士和阴阳家们会吹会拍,他立刻接受了海滨文化。儒生们看清楚了这个方向,知道要靠近中央政权便非创造一套神秘的东西不可,所以从秦到汉,经学里就出了《洪范五行传》一类的"天书"做今文家议论的骨干……使得皇帝和上帝作起紧密的连系。……这种政策,皇帝当然是乐于接受的,而且确实胜过了方士们的专在幻想中寻求希望,所以儒生的地位很快地超过了方士。……原来儒生们已尽量方士化,方士们为要取得政治权力已相率归到儒生的队里来了。

——顾颉刚《秦汉的方士与儒生·序》

(侯生、卢生)乃亡去。始皇闻亡,乃大怒曰:"吾前收天下书不中用者尽去之。悉召文学方术士甚众,欲以兴太平,方士欲练以求奇药。今闻韩众去不报,徐市等费以巨万计,终不得药,徒奸利相告日闻。卢生等吾尊赐之甚厚,今乃诽谤我,以重吾不德也。诸生在咸阳者,吾使人廉问,或为妖言以乱黔首。"于是使御史悉案问诸生,诸生传相告引,乃自除犯禁者四百六十余人,皆坑之咸阳,使天下知之,以惩后。

——《史记·秦始皇本纪》

时空转换——走出海岱分野

一种文化的形成,离不开它所处的自然环境与人文环境,两者的差异会萌发出不同的文化类型。在谈及东方文化时人们首先想到的是齐鲁文化,故泰山文化长期以来总处于尴尬的地位。其实泰山文化是齐鲁文化的先驱,公元前540年,晋国的一位统军之官曾发出"周礼尽在鲁矣"的感叹,这个"礼"指的是西周之礼,此时的泰山已经纳入礼乐制度之中。鲁国的孔子一生以克己复礼为己任,而在他的眼里,

[文献索引]

孔子蚤作,负手曳杖,消摇于门,歌曰:"泰山其颓乎?梁木其坏乎?哲人其萎乎?"既歌而入,当户而坐。子贡闻之曰:"泰山其颓,则吾将安仰?梁木其坏、哲人其萎,则吾将安放?夫子殆将病也。"遂趋而入。

——《礼记·檀弓上》

泰山就是"礼"的标志,并将自己比附于泰山;齐国悠久的"八神"之祭(连司马迁也困惑于"其祀绝莫知起时"),其中泰山、梁父就是"天主""地主"。早在齐鲁文化之前的"五帝时代",泰山就已成为至尊的神山。

秦汉时期,泰山文化已从区域文化进入国家的主流文化。

广泛的认可性

认可,是另一种意义上的度量衡,可判断一事物的空间存在及地位轻重。换言之,可确定其社会存在的价值、优劣。关于泰山文化,我们可从社会各阶层(统治者、士大夫、庶民百姓)的基本认知中,做出一个初步判断。

在国家层面,最典型的是巡守祭祀。舜帝即位后的第一件大事就是巡守,泰山是最先到达的一站,并于此对祭祀典礼做出规范,尔后延续至各岳。在巡守活动中,泰山有着五岳首领的神圣地位,被称作"岱宗"。后有封禅出现,将泰山推向一个更高的位置。如果说巡守除泰山之外还能有其他诸岳,那么,封禅则唯泰山耳!司马迁总结说:凡受命的帝王没有不想封禅的。封禅泰山成为国家统一、太平盛世的一个象征,独一无二。

封禅大典,不是每位帝王都可以举行,由于种种准则的限制而成为旷世之礼。然而对泰山的一般性祭祀,历代不绝于史。这种礼制又可分为亲祭(皇帝亲临祭祀)与告祭(遣官祭祀)。清代的康熙来了泰山3次,乾隆竟来了10次,足见其对泰山的尊崇程度。作为一朝皇帝,道教、佛教可以信,也可以不信,但对泰山信仰不敢不信。

当孔子"登泰山而小天下",就定格了泰山在士大夫这一精英阶层心目中应有的位置。道家创始者庄子,在他的寓言中,泰山是"大"而"极"的哲学意象;法家的先驱管子,最早记录了神圣的泰山封禅及其历史的猜想;同是法家的韩非子,言说泰山形体的高大,更有着崇高的社会标榜性;鬼谷子是纵横家的代表,以泰山比拟事物本源与稳定;墨家学派的创始人墨子,将泰山视为博大雄伟之象征。凡此种种,不胜枚举。在诸子看来,泰山在社会概念的尺度中,是一个衡量高而大的标

[文献索引]

八神将自古而有之,或曰太公以来作之。齐所以为齐,以天齐也。其祀绝莫知起时。八神:一曰天主,祠天齐。天齐渊水,居临菑南郊山下者。二曰地主,祠泰山梁父。注:泰山、梁父互为存在,而"天齐"中心论,即泰山中心论。自唐至元,泰山封号均以"天齐"领衔:天齐王、天齐仁圣帝、天齐大生仁帝。

——《史记·封禅书》

在管仲所知传说中,东方五帝说中的黄帝、帝颛顼、帝喾、帝尧、帝舜全从海岱区外前来朝圣,封泰山、禅梁父的。足见泰山的至尊神山地位是在非常远古的时代,即所谓"五帝时代"就形成了。

——高广仁、邵望平《海岱文化与齐鲁文明·传说中"五帝时代"前期的海岱社会》

《孔子圣迹图》中的"梦奠两楹"

杆。诸子蜂起，百家争鸣，无事不争，但对于泰山却是异口同声，众口一词。

为世人留下《史记》的司马迁，专为泰山祭祀立传，写就《封禅书》。在记述秦始皇、汉武帝封禅活动的同时，也让黄帝在泰山完成了由"圣主"向"神仙"的华丽转身。

当杜甫继承孔子的衣钵，咏颂"会当凌绝顶，一览众山小"，同样是自然与人文在居高临下之处所奏响的文化高歌。同时代的李白，青春洋溢，写下《泰山吟》六首，并一改他狂放不羁的个性，虔诚地在泰山日观台道观"清斋"30天之久。

到了百姓那里，泰山更为亲近。"上泰山，见神仙。……保子孙，……贵富昌，乐未央"，这是汉代铜镜上流行的铭文，人们通常称为《汉镜铭》。泰山，是普通人寄托美好生活愿景的福地。人们跟泰山的关系，最有表现力的莫过于庙会，它是百姓每年必不可少的"狂欢节"。

具有代表性的场景，是《水浒传》中艺术性的描写。东岳大帝生日那天，"都是四山五岳的人聚会"，热闹非凡，烧香的人"亚肩叠背，偌大一个东岳庙，一涌便满了，屋脊梁上都是看的人"。泰山脚下的泰城，为迎接香客所设的香客店（专门接待前来烧香的人）就有"一千四五百家"，足见来泰山进香的香客之多。这大致是宋代的情形。

[文献索引]

有鸟焉，其名为鹏，背若太山，翼若垂天之云，抟扶摇羊角而上者九万里，绝云气，负青天。
——《庄子·逍遥游》

太山不立好恶，故能成其高；江海不择小助，故能成其富。故大人寄形于天地而万物备，历心于山海而国家富。
——《韩非子·大体》

北而攻齐，舍于汶上，战于艾陵，大败齐人而葆之大山。
——《墨子·非攻中》

清斋三千日，裂素写道经。吟诵有所得，众神卫我形。云行信长风，飒若羽翼生。攀崖上日观，伏槛窥东溟。
注："三千日"，应为三十日之误。
——李白《游泰山六首》之四

上大山，见神人。食玉英，饮澧泉。参驾蜚龙，乘浮云。长万年，宜子孙，日富贵。
——泰山南麓出土的汉《太山镜铭》

上太山，见神仙。食玉英，饮醴泉。驾蜚龙，乘浮云。宜官秩，保子孙。寿万年，贵富昌，乐未央。
——汉《太山镜铭》泰山刻石

[故事链接]

原来庙上好生热闹，不算一百二十行经商买卖，只客店也有一千四五百家，延接天下香官。到菩萨圣节之时，也没安着人处，许多客店，都歇满了。……那日烧香的人，真乃亚肩叠背，偌大一个东岳庙，一涌便满了，屋脊梁上都是看的人。朝着嘉宁殿，扎缚起山棚，……知州禁住烧香的人，看这当年相扑献圣。一个年老的部署，拿着竹批，上得献台，参神已罢，便请今年相扑的对手，出马争交。说言未了，只见人如潮涌，却早十数对哨棒过来……
——《水浒传》第七十四回《燕青智扑擎天柱 李逵寿张乔坐衙》

泰山《汉镜铭》刻石

泰山南麓出土的"上太山见神人"铭文铜镜

到了明清，庙会的主神变为了女神碧霞元君，百姓们以称呼家亲的方式称她为"泰山奶奶""泰山娘娘""泰山老母"。朝山进香又进入一个新的高潮。进香者不分白天、黑夜，络绎不绝，成为文人笔下一道亮丽的风景线。

关于宗教领域，佛教、道教对泰山文化的依赖前面已经有所论及。没有了泰山信仰中的冥世观、治鬼说，它们的地狱之设就无法构建，人死后的地下世界，也就没有了认识论。

区域的超越性

任何一种文化的传播，在古代都是在人的移动中完成的，譬如佛教的东来，传法、取经，来往互动。又如秦始皇、汉武帝的封禅，是在东进西去中达到两相融合，成就一段破天荒的文化佳话。

历史上的泰山信仰，在早期阶段（先秦至史前）由少数人所把持。管仲所说"古者封泰山禅梁父者七十二家"，这个数字表达的是一个"极数"，不一定确指，但他所列举的"十二家"看来有据可查，均是传说中的人文祖先及圣王君主，譬如人们熟知的伏羲、炎帝、黄帝、周成王等。先秦时期，周天子、鲁国的国君有权来泰山，其他则没有（祭祀权与政治权是高度一致的），否则就是"僭礼"（超越礼制）。所以鲁国大夫季氏也到泰山祭祀，孔子认为是大逆不道，怒声指责"泰山不如林放乎"？

[故事链接]

若三、四月，五方士女，登祠元君，以数十万，夜望山上篝灯，如聚萤万斛……叫呼殷赈，鼎沸雷鸣，弥山振谷，仅容足之地以上。

——［明］于慎行《登泰山记》

元君走四方如鹜，岁投金钱数万计，士女香灯，丐啼呗诵，雷吼谷摇。

——［明］王思任《登泰山记》

岱岳之巅，盖有元君祠云。祠为四方祝釐香火所最辐辏，岁不征约而走祠下者，人可千亿指。辇输之香火金钱十万计。问金钱之所敛散，则充国税若干，充齐鲁间藩禄、官廪、军储、公府之费若干。

——［明］沈应奎《岱祠迁议》

[文献索引]

桓公既霸，会诸侯于葵丘，而欲封禅。管仲曰："古者封泰山，禅梁父者七十二家，而夷吾所记者十有二焉。昔无怀氏封泰山，禅云云；虙羲封泰山，禅云云；神农封泰山，禅云云；炎帝封泰山，禅云云；黄帝封泰山，禅亭亭；颛顼封泰山，禅云云；帝喾封泰山，禅云云；尧封泰山，禅云云；舜封泰山，禅云云；禹封泰山，禅会稽；汤封泰山，禅云云；周成王封泰山，禅社首：皆受命然后得封禅。"

——《管子·封禅篇》

季氏旅于泰山。子谓冉有曰："女弗能救与？"对曰："不能。"子曰："呜呼！曾谓泰山不如林放乎？"

——《论语·八佾》

许曼者，汝南平舆人也。……自云少尝笃病，三年不愈，乃谒太山请命。

——《后汉书·方术·许曼传》

三、冲突与融合：认知价值的嬗变　99

[文献索引]

盖是时东封事竣，朝野上下方以成礼岱宗比隆往代，谀媚之士争迎合，土木祷祠之事兴天下，靡然向风，而东岳之庙遍寰宇矣。
——［宋］《忻州定襄县蒙山乡东霍社新建东岳庙碑铭·按》

夫岱岳者，首载于国家祀典。今则天下之广，一郡一邑，莫不卜地建立行祠，镇庇境界。
——［金］《岳庙新修露台记》

今岱宗之庙遍于天下，无国无之，无县无之，虽百家之聚，十室之邑，亦妥灵者。
——［元］《重修东岳庙碑铭》

天上人间

　　秦始皇、汉武帝封禅，特别是汉武帝频繁来泰山，带动了泰山朝拜的热潮，也松动了民众不能到泰山祭祀的禁忌，普通人可以到泰山"请命"，也可以"见神仙"。民众的朝山活动，在唐宋时期达到高峰，见证这一历史史实的是全国各地兴起的东岳庙。

　　带着各自的心思，人们来了又走，走了又来。来泰山的人多了，路途又远了，也就多有不便，于是就在自己的家门口建起了供奉泰山神的庙宇，谓之"东岳行宫"，以便就近祭祀。据文献记载，唐代之时各地的东岳庙开始兴起，到了宋代真宗皇帝又加号泰山神为"天齐仁圣帝"，加速了各地东岳庙的兴建。各地的建制县区几乎都有了东岳庙。随之而来的便是东岳庙会风起云涌，在泰山神诞辰之日，全国范围内同时启会，朝拜东岳大帝。这是中国庙会史上涉及范围最广、活动规模最大、参会人数最多的一个庙会。区域之广、信仰之深，是任何庙会所不能比拟的。

流传的久远性

　　5000年前，当先民以泰山为一个基点，与太阳、火焰相会合，这就注定了这座大山的历史担当。山和太阳同框，铸就一个同生共存的愿景,两者以火为媒,拉开了文明序曲的帷幕。当舜帝在山顶"柴望",象征新生命的圣火又一次在泰山燃起,太阳与火焰交相辉映,这在一个民族的记忆中从来未曾泯灭。

泰山信仰源自太阳信仰,充当着生命起源的角色。泰山的化身东岳大帝,在神话中被称作"金虹氏",有兄弟二人,是其母"梦吞二日"所生,是名副其实的太阳之神。泰山神的基本神格即"生",他关乎一个国家的生存,所以帝王要来泰山祭拜;他关乎民众的生、死转换,所以百姓年复一年都会进山朝圣。后有女神出现,名之曰"碧霞元君",又称"送子娘娘",直面字义,即生命之母。

在传统的观念中,"生"是"天地之大德"。《易经》说:"生生谓之易。""易"的结构是上阳下阴(日、月),即是顺应天地运行的至简道理。如果将泰山文化的核心浓缩为一个字,这便是"生",这是泰山文化自强不息最大的动力源。几千年来,尊重生命、尊重生命的创造,始终是泰山文化的主旋律。

"生生不息",是一条贯穿民族精神史的生命线。

泰山以"大"示人。以大为美是古人对美的理解和定义。泰山以大而得名,特别是"岱宗"的称谓,让其独领风骚。春秋战国诸子,无不以泰山之高、之大说事明理,后之来者竟也无以复加。陆机的"泰山一何高,迢迢造天庭",谢灵运的"泰宗秀维岳,崔崒刺云天",李白的"平明登日观,举首开云关",更有杜甫"会当凌绝顶,一览众山小",无不是孔子登泰山而"小天下"的续说。最早细说泰山之高者,还是马第伯的《封禅仪记》:"仰望天关,如从谷底仰观抗峰。其为高也,如视浮云;其峻也,石壁窅窱,如无道径。……遂至天门之下,仰视天门,窔辽如从穴中视天窗矣。"让人身临其境。"天关""天门","仰望""仰视",登山如登天,视觉所至,即有泰山之高、之峻。

泰山以"德"显世。以物比德,用人之德行来判断评价事物,是古人常用的一种思维方式。在古人看来,泰山以德配天,那么"君子",也要以德配位。管仲说齐桓公不能封禅,其实就是德不足,让齐桓公无话可说。司马迁则以是否"德洽"为评判标准,来决定是否能够前往泰山封禅。秦始皇上泰山的第一件事,就是"立石颂秦始皇

[文献索引]

任何一个文明民族都有其民族精神,而中华民族的民族精神可称为中华精神。我认为中华精神的核心内容就是"自强不息,厚德载物"。

中华民族精神是中华民族凝聚力的思想基础。

——张岱年《中华民族精神与中华民族的凝聚力》

中华人民共和国第十届全国运动会圣火在泰山点燃

碧霞元君——送生娘娘画像（清）

帝德，明其得封也"，德是登封的前提。秦二世到泰山，在始皇所立纪功刻石旁再书"以章始皇之功德"，又一次显示出对"德"的标榜。汉武帝以"成民以仁"为功，光武帝以"帝行德，封刻政"为名，都在努力证明一个"德"字。成语"泰山北斗"，是一种"仰之弥高"的道德定位。"重于泰山"，则是以泰山的分量，类比其特有的精神价值。为什么是泰山，而不能是其他山？这是由泰山在一个民族心中的崇高地位所决定的，泰山与"崇高""伟大"对等。

"能量守衡"，不变的信念，不变的追求。

泰山"知新致远"。泰山文化在不断承续中创新发展。在《易经》看来，大德曰生，"日新"谓之"盛德"。泰山有"岱"之称，从其字形结构看，"代"在山上。"代"，更也，因此泰山便有了新旧相替的意思。所以一代王者封禅，必在泰山。泰山是新旧更易之山，泰山是阴阳、生死转换之山。几千年来流行至今的泰山观日习俗，即是对"苟日新、日日新、又日新"最好的诠释。

在古人那里，"新"是与"德"挂钩的，要日新于德、尽心于德。历史学家有"旧邦新命"之说。"旧邦""新命"的说法，源自《诗经》，

[文献索引]

成名以仁……人民蕃息，天禄永得。
——《风俗通义·正失·封泰山禅梁父》汉武帝纪功刻石文

《河图合古篇》曰："帝刘之秀，九名之世，帝行德，封刻政。"
——《后汉书·祭祀上》汉光武帝纪功刻石文

日新之谓盛德。生生之谓易。
《疏》正义曰：圣人以能变通体化，合变其德，日日增新，是德之盛极，故谓之盛德也。生生之谓易。
阴阳转易，以成化生。
——《周易·系辞上》

凡以此易彼谓之代。次第相易谓之递代。
——《说文解字注》释"代"

东方泰山，《诗》云："泰山岩岩，鲁邦所瞻。"尊曰岱宗。岱者，长也。万物之始，阴阳交代。……王者受命易姓，改制应天，功成封禅，以告天地。
——《风俗通义·山泽·五岳》

《康诰》曰："克明德。"……汤之《盘铭》曰："苟日新，日日新，又日新。"《康诰》曰："作新民。"《诗》曰："周虽旧邦，其命维新。"是故君子无所不用其极。
——《礼记·大学》

文王在上，于昭于天。周虽旧邦，其命维新。
——《诗经·大雅·文王》

孔子论述六艺，传略言易姓而王，封泰山禅乎梁父者七十余王矣……文王受命，政不及泰山。武王克殷二年，天下未宁而崩。爰周德之洽维成王，成王之封禅则近之矣。
——《史记·封禅书》

中华民族的文化，从原始蒙昧中摆脱出来，不断前进，走着从低级到高级的路程，不断丰富其内容，由古朴至雕饰，由质到文。哲学的发展也是这样走过来的。……新旧政权之间可以一刀两断，新老文化是不能一刀两断的。
——任继愈《文化发展诸现象·文化发展的连续现象》

青未了——对松山

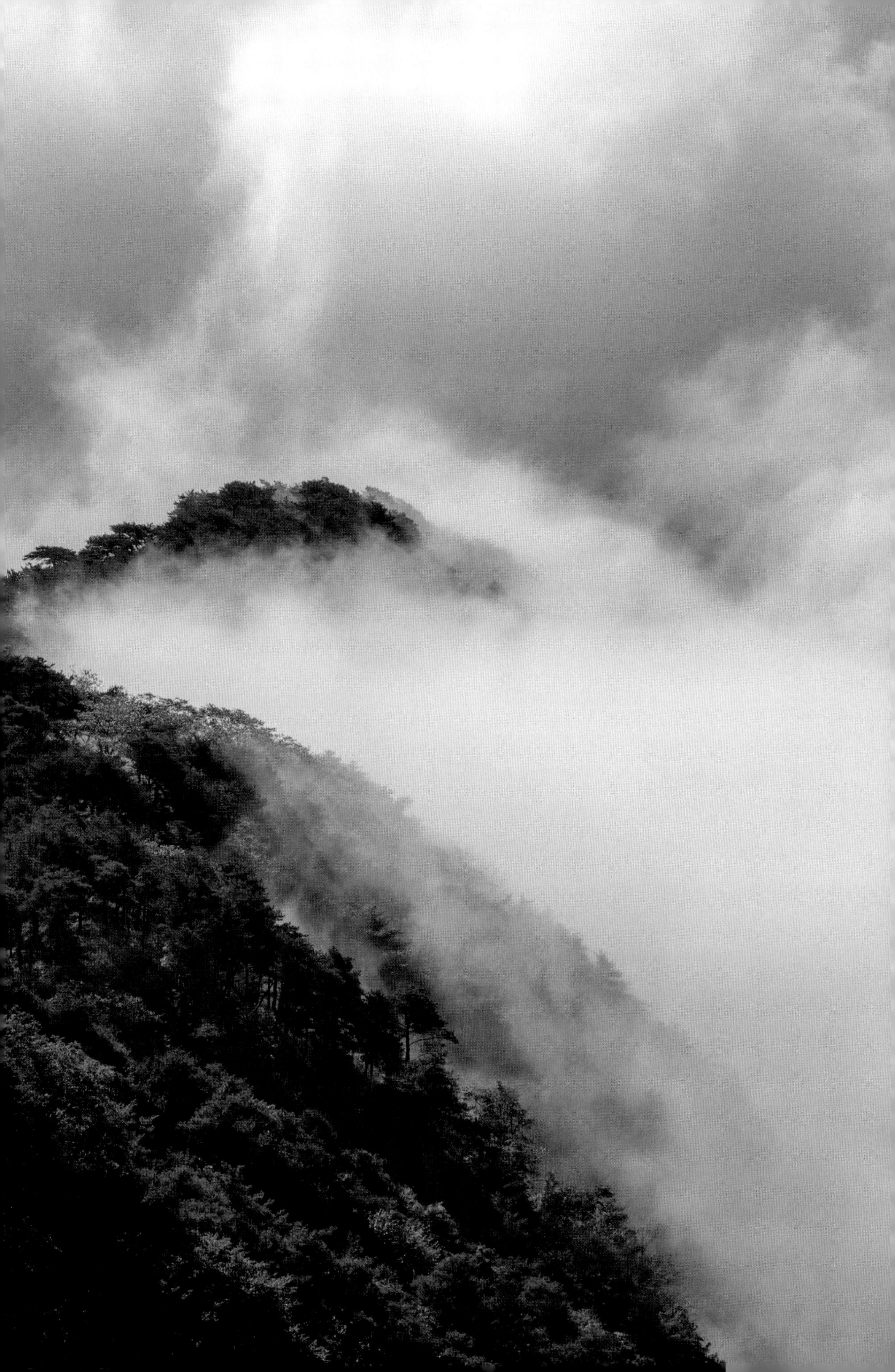

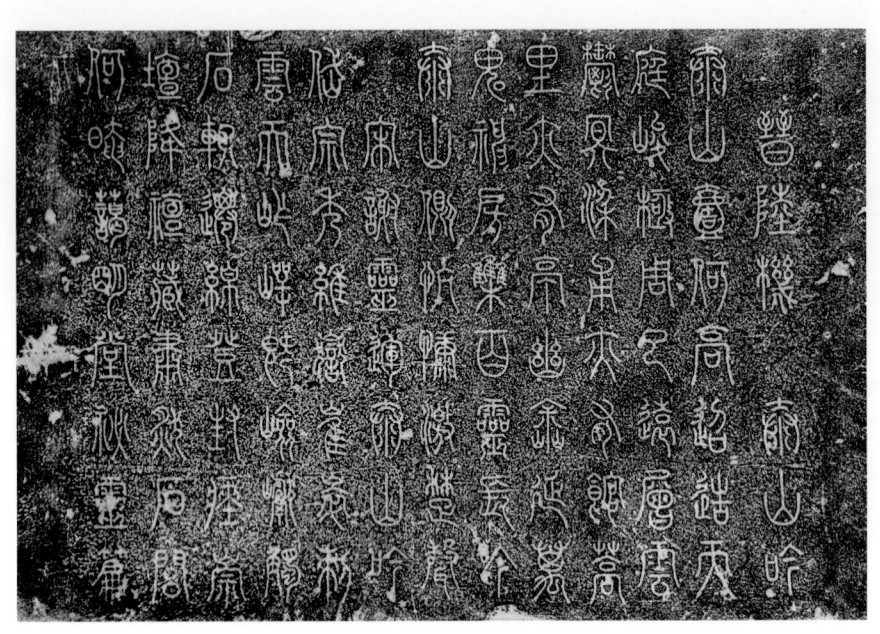

[晋]陆机《泰山吟》碑刻拓本

以"新"为美，是对周文王的赞颂之言。这让我们想到了司马迁在《封禅书》中所记：文王承天受命，但他的政治范围还不能达及泰山，为其不能封禅而感到遗憾。用"旧邦新命"阐明泰山作为新旧相代的标志，具有更为深刻的历史意义与现实意义。中华民族文化从蒙昧走向文明，历经无数次的改朝换代，但文化脉络永存的关键就在于"旧邦"基础上的"新命"（不是全盘否定）。这也是中华文明上下五千年，仍傲立于世界民族之林的根由所在。保持"旧邦"的同一性和个性，促进实现"新命"，泰山责无旁贷，功不可没，任重道远。

"温故而知新"，肩负历史责任，永远是新的起点。

[故事链接]

"旧邦新命"，是由历史学家冯友兰先生组合而来。1980年，作为一个概念首次出现在《中国哲学史新编》中，他说："在新中国成立以后，我时常想，在世界上中国是文明古国之一，其他古国，现在大部分都衰微了，中国还继续存在，不但继续存在，而且还进入了社会主义社会。中国是古而又新的国家。……旧邦新命是现代中国的特点。我要把这个特点发扬起来。"1982年冯先生又说："中国就是旧邦而有新命。新命就是现代化，我的努力是保持旧邦的同一性和个性，而又同时促进实现新命。"1988年，又撰对联"阐旧邦以辅新命，极高明而道中庸"，挂于室内，直到先生逝世，再未换过。

——据李悦《冯友兰：一个"中国特色"的哲学家如何思考世界》整理

［清］何人麟书杜甫《望岳》诗碑刻拓本

飞龙在天

四

生命与尊严

人本精神的回归

泰山担负着"万物始生"的使命,数千年来人们对"生""生命力"的崇尚与弘扬,始终是一个永恒的主题。以物比德,移情于人,也就赋予了更多的人文情怀,它是一种人格定位,同样也是对生命延续和人生价值的一种期许。

放眼望去，历史的行色总能在泰山看到片片斑斓。可能世界上任何一个民族，都没有像中华民族那样对生命的崇尚一以贯之几千年，毫不动摇。大到国体，小至每个家庭、成员，尊重生命、尊重生命的价值，是我们这个民族生存、发展及强盛的内因所在。"始生万物""阴阳交代""重于泰山"，是泰山回馈的色彩。

"生生不息"——"人道"之本

这是一个有意思的对比。在传统的幼儿启蒙识字课本《三字经》中，有"三才者，天地人"的吟诵，在阐述天地间万象变化的《易经》中，有言"天道""人道""地道"，谓之"三才"。小人书与大经典都在说"三才"。看来达理的大人，不晓事的小儿，都应明白这一小知识、大道理。何为"才"？从甲骨字形看，是草木萌发之状，故许慎说："才，草木之初也。"以此释义："三才"，即天地万物之本源。人，为"天地之心""万物之灵"，生而无息，显显作为。

[文献索引]

昔者圣人之作易也，将以顺性命之理。是以立天之道曰阴与阳；立地之道曰柔与刚；立人之道曰仁与义。

——《周易·说卦传》

"生"，神祇本性的还原

当人们无法解释现实发生的种种事端，或想象有一种未知力量能超越自然达到所期的目标，神秘莫测的神就出现了。满足人的欲望，是神的基本属性。由于神祇信仰往往能反映事物发展的底层逻辑，因此不妨从此角度了解一下难以捉摸的生死观。

泰山神是谁？

1958年，在泰山之南的山东滕州桑村镇，一个名叫西户口村（今枣庄市山亭区）古墓中的一批画像石重见天日，其中一块石面上赫然刻着"泰山君"三字。画面有一辆鹿车（以鹿拉车），车上坐有两人，前为驭者，后有一位貌似官员模样的人。他手持便面，头戴进贤冠，身佩长剑，毫无疑问，这就是"泰山君"。墓葬的年代属东汉早期。这是当代人见到最早的泰山神像，距今已近2000年的历史。

如果与在任的泰山太守应劭所撰《风俗通义》记述相对应，当时的泰山君供奉于泰山庙（今岱庙），一并配祭的还有"泰山君夫人"。依照

[文献索引]

泰山庙在博县。《风俗通》曰："博县十月祀岱宗，名曰合冻，十二月涸冻，正月解冻。太守洁斋，亲自执事，作脯广一尺，长五寸。既祀讫，取泰山君夫人坐前脯三十朐，太守拜章，县次驿马，传送洛阳。"

——《后汉书·祭祀上》卢植注

岱庙大殿奉祀的泰山神

汉画像石中的"泰山君"

惯例，正月解冻之时，泰山太守要诚敬斋戒，亲自执事祭祀泰山神，礼毕后还要向皇帝奏章汇报，并取泰山夫人坐前祭品，传送至京都洛阳，整个祭祀事宜才算结束。

　　一方神祇的形成与兴盛，取决于信仰基础的深厚与否。如果追溯泰山神信仰的源头，恐怕可以在新石器时代找到线索。前面说到的由日、火、山组成的图像文字，已形象地告诉人们太阳与大山的关系。而大汶口的先民埋葬已故的人，都是头东脚西向着太阳初升的方向，也进一步说明了这一点。如再作补充，那么，时间上与传说时代的东夷部落相对应，首领叫少昊、太昊，"昊"字所指就是太阳（昊："大明"也）。不可置疑，太阳信仰是泰山神信仰的源头。

　　说到太昊，在民间流传有一则故事。有一天，京城来了一位翰林到岱庙大殿祭拜，指着神台上的泰山神问："他是谁？"陪同的住持应声回答："黄飞虎。"这位京官生气了，随着一句京骂，不屑一顾地瞪了住持一眼，指责道："你天天伺候的是谁都不知道，白忙活了！"住持莫名其妙，愣在了那里，两眼直直地望着这位官员。翰林告诉他："这是太昊。"在《封神演义》中，姜子牙封神时将泰山封给了黄飞虎。因小说通俗易懂流传很广，所以有了黄飞虎一说。故事表明：在官方那里，泰山神仍是太阳之神，但在民间却是执掌幽冥地府的阴主了，就连道士也接受了这一说法。

泰山神信仰来自太阳，那也就决定了他的神格主生，因为万物生长来自阳光。而有生就会有亡，这是任何事物都会呈现的另一面。主生、主死，也可以在太阳的运行过程中得到形象的体现。太阳由东升起，唤醒万物，是一个白昼开始，因有阳光的照射属"阳"。太阳向西运行到一定阶段下落，不见了阳光，黑暗来临属"阴"。日出日落，一阴一阳，一升一降，一枯一荣，这种可视可感的特点，容易让人将事物的生存与消亡联系在一起。生与死，相互依存，与生俱来。因此，泰山神主生、主死的职能共同构成一个从开始到结束的完整闭环，以适应信仰者不同的选择。当大汶口的先民将死者头东脚西安葬，对这种循环过程的认知就已形成。

生与死的分化

对泰山生、死职能在理解上不断演化，主要表现于官方与民间对泰山的利用开始拆解。我们还不清楚这种变化始于何时，但可以确定的是，在西汉就出现了分道扬镳的状况。官方以封禅为标志，高扬"生"的基调，而民间却流行"生属长安，死属大山"的说法。《风俗通义》记有一种"俗说"：岱宗知人生，汉武帝曾有求签之说，应是民间信仰的反映。到了东汉，在朝廷那里泰山同样是主生的标志，故有光武帝光复大汉到泰山封禅的壮举。东汉之后，在民间泰山主死的信仰进一步被放大。西晋的《博物志》概以"主召人魂魄"，表明泰山主死之能已经成为泰山神的主业。

泰山神信仰的生、死两极分化后，官方与民间互补，仍然保持着原有"闭环"的完整性。佛教的地狱观进一步深化，道教也在做着自己地下世界的文章，给人以泰山专属冥世的错觉，在民间渴望有一位主生

[故事链接]

子牙曰："……乃敕封尔黄飞虎为五岳之首，仍加敕一道，执掌幽冥地府一十八重地狱，凡一应生死转化人神仙鬼，俱从东岳勘对，方许施行。特敕封尔为东岳泰山大齐仁圣大帝之职，总管天地人间吉凶祸福。尔其钦哉，毋渝厥典！"黄飞虎在台下，先叩首谢恩。

——《封神演义》第九十九回《姜子牙归国封神》

[文献索引]

生属长安，死属大山；死生异处，不得相妨。
——罗振玉《贞松堂集古遗文》卷十五《刘伯平镇墓券》

生人西属长安，死人属〔东〕太山。
——罗振玉《雪堂所藏古器物图说》外九种
注：此语出现在东汉，但有"长安"之说，表明此观念早在西汉。

俗说：岱宗上有金箧玉策，能知人年寿修短。武帝探策得十八，因倒读曰八十，其后果用著长。
——应劭《风俗通义》卷二《正失》

泰山一曰天孙，言为天帝孙也。主召人魂魄。东方万物始成，知人生命之长短。
——张华《博物志》

四、生命与尊严：人本精神的回归　　115

明代神轴画中的碧霞元君与眼光奶奶、送子娘娘

的神祇出现。在明代一位新神祇打破沉寂出世，这就是泰山女神碧霞元君。碧霞元君最初是位有关生育的女神，影响扩大后就被赋予了更多职能。先是有"宝卷"出来，为其造势，后又有道教为她编写了道经，并有了碧霞元君的封号，逐步获得了朝廷的认可，其信仰在明代中后期达到高峰。

因为碧霞元君接任的是东岳大帝"主生"的大权，因此太阳信仰同样是她力量的源泉。在泰山供奉她的宫殿中，一体三身，中位是本身，左右两侧为化身：眼光奶奶、送子娘娘。"碧霞"：东方之霞，是日光之霞。眼光奶奶：治眼疾，是光明的使者。送子娘娘：为人送子，是位生命之神。在明代由于其信仰的流行，其庙宇也同岳神自汉以来就有上、中、下庙一样，有"三庙"之设。在泰山周边地区也大都建有行宫，以方便信众的祈福。北京的妙峰山就是一个例子，自明至清形成了北京地区供奉碧霞元君"三山五顶"的格局，至今香火不绝。

泰山神"移情"冥世后，在民众看来，碧霞元君才是泰山的正神。所以自明代万历之后，民众来泰山朝拜，会先去碧霞祠。

[名词集解]

宝卷 是一种流行于民间的说唱文本，它来源于佛教寺院一种通俗的讲经形式。宝卷大致形成于明代中期，以故事、俗说为内容，说唱结合，言说一定的教义、教禁。因形式活泼、通俗易懂，深受普通信众喜爱，故在民间甚为流行。

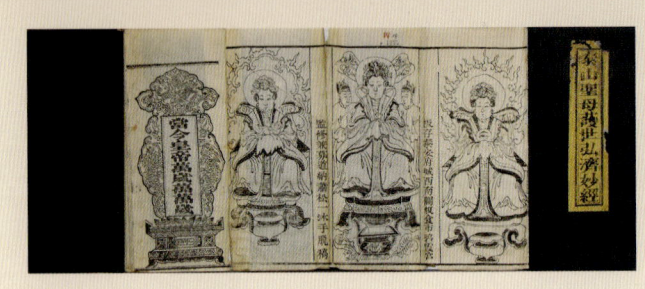

《泰山圣母护世弘济妙经》宝卷书影

[故事链接]

妙峰山是北平一带的民众信仰中心。自从明代造了碧霞元君庙以来，直到现在约三百年，不知去了多少万人，磕了多少万头，烧了多少万香烛，费了多少万金钱。这着实是社会上的一件大事。

——顾颉刚《妙峰山琐记·序》

[文献索引]

统古今天下神祇，首东岳。而东岳祀事之盛，首碧霞元君。
——《岱览》卷九韩锡《元君记》

四方士女，不远数千里，祈祷报赛，必先有事于元君，而后及于他庙也。
——《岱览》卷九《岱顶中·碧霞灵应宫》

民知泰山有元君，而不知方岳有神主。
——《玉华子游艺集》卷十九

四、生命与尊严：人本精神的回归　　117

北京妙峰山碧霞元君行宫——元君庙（民国）

泰山碧霞元君下庙——灵应宫（民国）

儒、释、道，对"生"的释读
儒家之唱和

孔子说："未知生，焉知死。"在生与死之间，他强调生的价值及作为。在儒家的道德观中，生与德是密切关联在一起的，"天地之大德曰生"，就是一个典型的表白。人们对泰山的塑造，正是基于对这一准则所承载的最大期待值。清圣祖玄烨给泰山神题额"大德曰生"，直接套用上面《周易》中的话。元世祖忽必烈感到唐、宋对泰山神的封号还缺点什么，于是大笔一挥加上了"大生"二字。

汉代的董仲舒提出了"罢黜百家，独尊儒术"的治国之策，被汉武帝所采纳，在他的身上可看到后世历朝历代统治者对泰山期待的影子。汉武帝泰山封禅的纪功刻石，集中表现了他对泰山的良苦用心。以礼、义、孝、仁四个方面阐述自己功德的来由，充满了伦理、道义的成就感。

唐玄宗自言，即位初便想到泰山，但考虑到功德的不足而退却，十四年后才决定再叙封禅，仍以仁义为标榜，翻版于汉武帝。他自我评价有慈、俭、谦"三德"，品行卓绝。继中宗"旧邦惟新"、睿宗"天下归仁"之运德，封禅泰山。宋真宗同样以功德论是非言受命，"礼之正也，孝之始也"，重复着汉武帝、唐玄宗的故事。

打破惯性思维的，是明代开国皇帝朱元璋，将泰山历代的封号全部去除，用他的话说唯神而尊，人不能给予评判而封号。但这只是一个口实，在他看来除了天帝"天子"独尊，没有谁可以凌驾其上。他对天师的态度就是个典型的例子：为王时对天师至恭至敬，当做了皇帝又是另一番景象。他问天师："天有师乎？"言外之意我是天之子，你还是天之师？相信这位天师一定会受惊吓，冒出一身的冷汗。

[文献索引]

封者，立石高一丈二尺，刻之曰："事天以礼，立身以义，事父以孝，成民以仁。四海之内，莫不为郡县，四夷八蛮，咸来贡职，与天无极，人民蕃息，天禄永得。"
——《风俗通义·封泰山禅梁父》

百辟佥谋，唱余封禅。谓孝莫大于严父，谓礼莫尊于告天，天符既至，人望既积，固请不已，固辞不获。……朕惟宝行三德，曰：慈、俭、谦。慈者，覆无疆之言；俭者，崇将来之训；自满者人损，自谦者天益。……岩岩岱宗，衍我神主。中宗绍运，旧邦维新。睿宗继明，天下归仁。恭已南面，氤氲化淳。
——唐玄宗《纪泰山铭》（片段）

唐玄宗《纪泰山铭》"三德"截文

遇有灾祸，朱元璋还会要泰山神"为予转达"，视泰山神如同下属。如明洪武三年（1370）宣布去掉泰山历代封号，以"东岳泰山之神"命其名，并在岱庙立碑告示天下。七年之后才第一次遣官员与道士致祭泰山，自称每年的仲秋都要来泰山致祭，到头来也是口头"支票"，不曾兑现。但皇权高于一切这一宗旨，却落到了实处。

朱元璋对神的怠慢，是人性对神性的又一次反叛。

佛教之置换

在中国的文典中，原本无"地狱"之说，佛教传入才有了这个名词。但佛之地狱，也与其落地的地狱有所差别，原因是在中土阴间冥世、泰山治鬼的基础上重新构建而成，那是人死后要去受罪的悲惨世界。

在佛教之前，人死后的归处分有两个阵营，一是升天（有仁德的先王，成为后世人的护佑者），二是进入地下（变为"鬼"，普通人的归宿）。入地者与"地狱"相对应，称之为"黄泉""九泉"，其中还有泰山"蒿里"，总称为"阴间"，与阳世相对是"冥世"。天堂——人间——冥世，共同构成所谓的"三重"空间。大致在战国晚期，冥世的主宰就是泰山，因此佛教进入中土后采取了"拿来主义"的策略，将泰山冥世改造为佛教的地狱。有的佛经在描绘"地狱"时，还直接翻译为"泰山"，所以泰山由此成为"地狱"的别名。

[故事链接]

张正常，字仲纪，汉张道陵四十二世孙也。世居贵溪龙虎山。元时赐号天师。太祖克南昌，正常遣使上谒，已而两入朝。洪武元年入贺即位。太祖曰："天有师乎？"乃改授正一嗣教真人，赐银印，秩视二品。

——《明史·方伎·张正常》

[文献索引]

朕闻一区宇而恢德教，安品物而致升平，此邦家之大业也。……孟冬之吉，虔登岱宗，伸乎对越。奉宝箓于座左，升祖宗于并侑，礼之正也，孝之始也。乃禅社首，厥制咸若。……其荐也虽惭乎明德，其感也实在乎至诚。

——宋真宗《登泰山谢天书述二圣功德之铭》

昔者元运将终，英雄并起，民患兵殃。……但欲瘴疠之方，化烟岚为清凉之气，俾殄渠魁，良民安业，军士速回，各得完聚，以养父母，是其祷也。然予未敢轻告上帝，惟神鉴之，为予转达。谨告。

——《岱史·望典纪》

不（丕）显考文王，事喜上帝，文王监才（在）上，不显王作德，不显王作庸。

——[西周]《大丰簋》铭文

不及黄泉，无相见也！

——《左传·隐公元年》

人死，魂魄归乎蒿里。

——[晋]崔豹《古今注》

岱庙明洪武去历代封号碑

四、生命与尊严：人本精神的回归　　121

岱庙明洪武遣员祭祀碑

地狱十殿王中的七殿泰山王

灵岩寺辟支塔基石上的地狱图——"锯解人体""项拔其舌"等画面

与中土冥世最大的不同，在于有了"考治"的说法。原来是"治鬼"（初期的"鬼"并没有贬义），这个"治"重在管理，而"考治"的"治"则是酷刑惩罚，于是出现了不同的"狱"，其中以"十八层地狱"最出名。在诸狱中，各种刑罚应有尽有，多出乎常人所预料。"太山地狱"的"考治"，其方式手段主要有："烧炙烝煮、斫刺屠剥、押肠破骨""铁柱正赤，身常抱之""项拔其舌""销铜入口，焦腹中过"，等等。

在长沙马王堆汉墓中出土的"T"形帛画，描绘了天上、人间、地下三个不同的场景，但地下的冥世丝毫没有惩治的痕迹。

此外，在佛教中对泰山也沿袭中土的说法，萌发万物，是一座高大之山。综之，泰山是一座地狱，是"生"存在的另一种形式。

[文献索引]

太山地狱中，毒痛考治，烧炙烝煮，斫刺屠剥，押肠破骨，欲生不得。……鬼从人项拔其舌，若以烧铁钩其舌断，若以烧铁刺其咽。欲死不得。欲生不得。……太山地狱中，铁柱正赤，身常抱之。

——安世高《佛说分别善恶所起经》

[故事链接]

释行坚者，未知何许人也，常修禅观，节操惟严，偶事东游，路出泰山。……因起，出不远而至一处，见狱火光焰甚炽。使者引坚入墙院中，遥见一人。在火中号呼，不能言语，形变不可复识，而血肉焦臭，令人伤心。坚不忍历观，愍然求出。

——《宋高僧传·隋行坚传》

[文献索引]

盖玄元创判，二仪始分。上置璇玑，则助之以三光；下设后土，则镇之以五岳。阴阳布化于八方，万物诞生于其中。……夫东岳者，龙春之初，清阳之气。育动萌芽，王父之位。

——释竺道爽：《檄太山文》

佛持一小石着手中，问诸沙门："我手中石为大耶，山为大乎？"诸沙门言："佛手中石校小。奈何比山乎？百倍千倍万倍亿倍，尚不如山大也。"佛言："如我手中小石，大不如山大也，百倍千倍万倍亿倍千万倍亿万倍，尚不如太山大也。"

——《大楼炭经》卷三

四、生命与尊严：人本精神的回归　　125

长沙马王堆汉墓出土绘有天上、人间、地下的帛画

道教之交替

道教对泰山在主生主死的问题上,持双重立场。道教前身的方仙道,是神仙论的急先锋,不老成仙是他们奋斗不息的理想目标,泰山在他们的眼里是座仙山。秦汉时期方仙的代表安期生、李少君就曾在泰山摸爬滚打过,成事后卖仙药于东海边,并被帝王所崇尚。"仙"的古字作"仚",从人从山,是个会意字,其结构是人在山上。海岱地区是神仙的策源地,"仙"所从之"山",当初就是泰山。

道教的早期经典大多来自海岱地区,皆托名于神仙。道教形成之后,泰山道教仍以神仙道教为主体,注重个体的修身养性而没有"招兵买马"式的群体活动,更多地继承了战国秦汉以来黄老神仙家的传统。东晋的"东岳道士"张忠,"恬静寡欲,清虚服气,餐芝饵石,修导养之法"。唐代的道士王希夷,"尽能传其闭气导养之术"。神仙道教,是泰山道教的主流。

泰山是神仙家的乐园,被看作是"洞天府地"。按照道教理论家葛洪的学说,泰山有其"正神"所在,是仙药的集散地,有些仙药非泰山而不可得。所谓的《东岳真形图》,其实就是入山寻药图。

[文献索引]

又按仙经,可以精思合作仙药者,有华山、泰山……此皆是正神在其山中,其中或有地仙之人。上皆生芝草,可以避大兵大难,不但于中以合药也。
——《抱朴子内篇·金丹》

黄庐子、寻木华、玄液华,此三芝生于泰山要乡及奉高,有得而服之,皆令人寿千岁。
——《抱朴子内篇·仙药》

泰山神仙——安期生

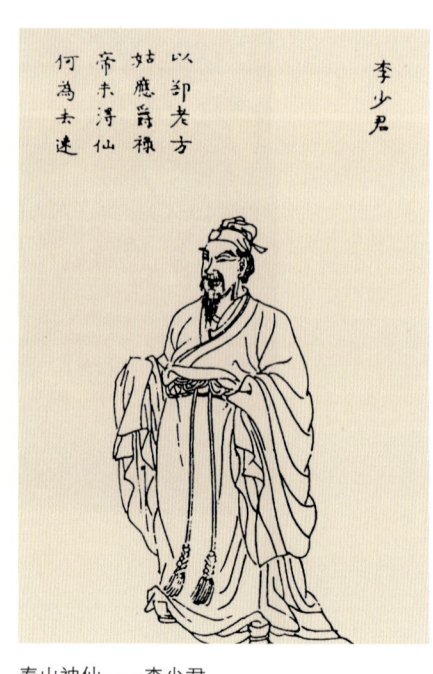

泰山神仙——李少君

四、生命与尊严：人本精神的回归　　127

山登绝顶我为峰

道教在宣扬泰山是养生宝地的同时，也构建自己的地狱观，视泰山为地狱之门。道教土生土长，但不满足于传统的冥世观，在佛教的刺激下重建一个相对独立的道教地狱，实属重打锣鼓另开戏。在这个地狱世界，总主管是酆都大帝，大本营在酆都山。然而在实际的操作中，酆都山威严总被泰山所剥夺（即便在酆都山也少不了泰山的角色），因为传统观念中的惯性思维很难有所改变。故在酆都山地狱的大背景下，泰山地狱与其相依并存。

精神永在——生命的赞歌

"路曼曼其修远兮，吾将上下而求索"，执着、倔强；"先天下之忧而忧，后天下之乐而乐"，高尚、博大；"我以我血荐轩辕"，豪迈、悲壮。凡此种种，是一种责任担当、奋发有为的处世态度，更是一种有为无我的人性品格。海天之怀，脊梁如山，华夏之魂，万众敬仰，无疑是民族精神的缩影，足以师表。

"重于泰山"：人生价值的取向

公元前98年，在司马迁遵循父命全身心投入《史记》撰写的第七个年头，大祸从天而降。历史上著名的"李陵事件"爆发，司马迁因为李陵开脱而触怒了汉武帝，被打入死牢。按照汉朝的刑法，如免除死罪有两种方法，一是拿钱赎罪，二是以"宫刑"减免。司马迁虽为史官，但却拿不出可抵减死刑的钱两，死刑与宫刑之间司马迁选择了后者。司马迁为什么选择了最下"极矣"的宫刑？这是因为《史记》尚未完成，司马迁忍辱负重，"就极刑而无愠色"。

司马迁在给好友任安的回信（《报任安书》）中，阐述了自己因替李陵辩护而遭受宫刑的经过，表达了在理想和事业责任下的生死观与价值观。其中"人固有一死，或重于泰山，或轻于鸿毛"的论断，成为人们耳熟能详的人生格言。

两千多年后，中华人民共和国的开国领袖毛泽东同志，在人生价值的选择上，提及了司马迁，谈到了"重于泰山"。他以中国共产党

[文献索引]

吾令羲和弭节兮，望崦嵫而勿迫。路曼曼其修远兮，吾将上下而求索。
——屈原《离骚》

是进亦忧，退亦忧。然则何时而乐耶？其必曰"先天下之忧而忧，后天下之乐而乐"乎！
——范仲淹《岳阳楼记》

灵台无计逃神矢，风雨如磐暗故园。寄意寒星荃不察，我以我血荐轩辕。
——鲁迅《自题小像》

四、生命与尊严：人本精神的回归

[文献索引]

修身者，智之符也；爱施者，仁之端也；取予者，义之表也；耻辱者，勇之决也；立名者，行之极也。士有此五者，然后可以托于世，列于君子之林矣。故祸莫憯于欲利，悲莫痛于伤心，行莫丑于辱先，诟莫大于宫刑。刑余之人，无所比数，非一世也，所从来远矣。

人固有一死，或重于泰山，或轻于鸿毛，用之所趋异也。太上不辱先，其次不辱身，其次不辱理色，其次不辱辞令，其次诎体受辱，其次易服受辱，其次关木索、被箠楚受辱，其次剔毛发、婴金铁受辱，其次毁肌肤、断肢体受辱，最下腐刑极矣！

欲以究天人之际，通古今之变，成一家之言。草创未就，会遭此祸，惜其不成，是以就极刑而无愠色。

——司马迁《报任安书》摘要

毛泽东在北京大学图书馆工作期间，由北京去上海，路经泰安，登览泰山。

——泰安市地方史志办公室、泰安市电信局编：《泰安五千年大事记》

（1952年10月28日）……列车到达泰安火车站，毛主席在工作人员陪同下下车，在站台上仰望巍巍泰山，深深地吸了一口气。当他行至站台旁书有"泰安"标志牌的时候，摄影师按下快门，记录下了这一历史时刻。

（1958年8月9日）……毛主席又问："现在逛泰山的人还多么？"

"过去不少，生产大跃进以来，逛泰山的人少多了。"

毛主席说："现在少了，再过两年逛山的人就又多了。"

——泰安市地方史志办公室编：《东岳志稿·人物春秋》

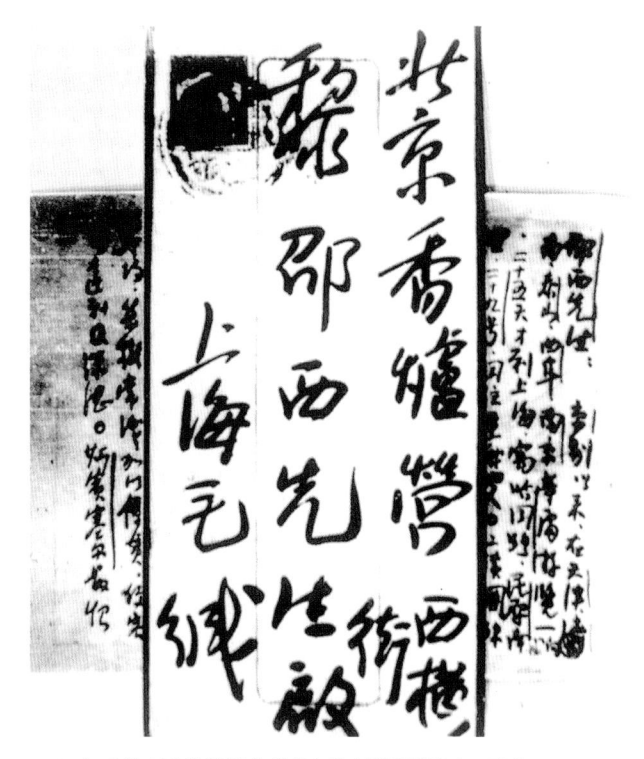

1920年毛泽东致黎锦熙的信件（信中说到登泰山一事）

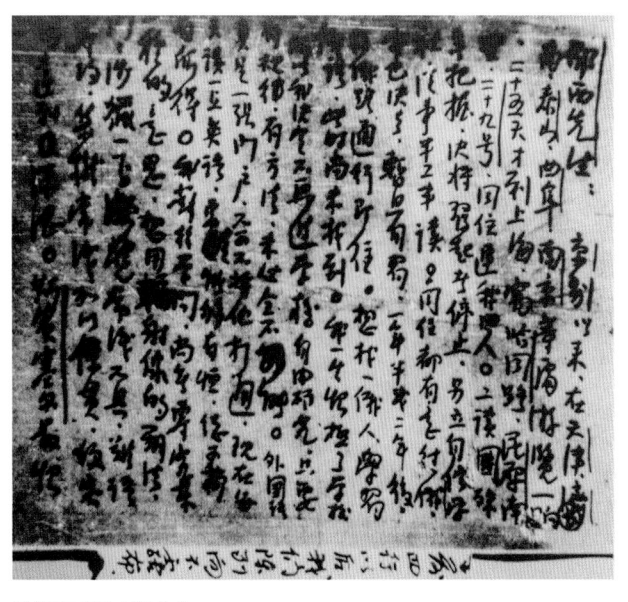

毛泽东书信（部分）

高山仰止　景行行止

人的伟大胸襟，发出了"为人民利益而死，就比泰山还重"的号召。这是"重于泰山"的一次精神升华，将"人民"与"泰山"对等，一个全新的思想境界与视野出现在世人面前，从此"全心全意为人民服务"成为一个政党的根本宗旨。1945年，中共七大正式将"全心全意为人民服务"写入党章。时值当下，"坚持全心全意为人民服务"，成为中国共产党建设必须坚决实现的六项基本要求之一；"必须全心全意为人民服务"，是每一个中共党员的必备条件；"努力提高为人民服务的本领"，是每个中共党员必须履行的义务。这是一个全新的时代，其大义为全体党员所信守。

1952年，毛泽东乘火车途经泰山，在山下的泰安火车站作短暂停留，下车遥望泰山。1958年，又在泰安火车站稍做停留，曾询问"现在逛泰山的人还很多吗？"并预言"再过两年逛山的人就又多了"。

[文献索引]

人总是要死的，但死的意义有不同。中国古时候有个叫作司马迁的文学家说过："人固有一死，或重于泰山，或轻于鸿毛。"为人民利益而死，就比泰山还重；替法西斯卖力，替剥削人民和压迫人民的人去死，就比鸿毛还轻。张思德同志是为人民利益而死的，他的死是比泰山还要重的。

——毛泽东《为人民服务》

[轶事搜索]

伯牙善鼓琴,钟子期善听。伯牙鼓琴,志在登高山。钟子期曰:"善哉!峨峨兮若泰山!"……伯牙游于泰山之阴,卒逢暴雨,止于岩下;心悲,乃援琴而鼓之。初为霖雨之操,更造崩山之音。曲每奏,钟子期辄穷其趣。伯牙乃舍琴而叹曰:"善哉!善哉!子之听夫!志想象犹吾心也。吾于何逃声哉?"

——《列子·汤问篇》

"高山流水":知心知遇的考量

"高山流水"有知音。

俞伯牙与钟子期弹琴听琴的故事,传颂了几千年,是"知音"的词源,也成为"知音"的代名词。可惜的是,钟子期死后,伯牙摔琴,终以人亡曲散遗憾落幕。他们在同一个精神境界之中,犹如登上了泰山之巅,在相知中达到了共鸣,两人的喜乐之情溢于言表。后来,伯牙与钟子期又在泰山之阴相见,却突然被暴雨所困,一时悲起,伯牙援琴鼓之,又有崩山之音,钟子期神会其音,一喜一悲,心心相印。明代人在泰山经石峪建"高山流水"亭,以托情怀。

巍巍泰山,是知音的故乡。

语言,是一个民族的灵魂。其中的成语,是长时间凝练形成的固定词组,内容表达简明扼要,认知度强,其形式也喜闻乐见。有关泰

［明］高山流水亭（民国）

"高山流水"亭上方龙泉峰瀑布

山的成语典故很多，如"重如泰山""稳如泰山""泰山压顶""泰山北斗"等，都是对泰山自然形体之高、之大，社会责任之重、之大的高度认同。另外，还有"有眼不识泰山""一叶障目不见泰山"，在说不识相的同时，也在表达着一种对"知音"理解不足的遗憾。

"有眼不识泰山"总会有缺憾。

一种习俗流传几千年，其中一个重要的因素是它知音相随的风土人情，与之相配的人文属性。往事的主人公是清代泰山书院的院长唐仲冕，在他撰写的《岱览》中，记录了他母亲下葬时的一个片段：抬着灵柩上山的有数百人，"齐唱《蒿里》"。《蒿里》是挽歌，为出丧时牵引灵柩的人所唱。据相关研究，作为丧歌的《蒿里》，起源于春秋战国时期的齐鲁之地，在汉初最为流行。自汉至清几千年，《蒿里》歌咏仍被流传了下来，实属不易。习俗中文化基因之强大，往往超乎我们的想象。

血脉相通，乡音不改。这是"风俗敦庞"的回响。

"泰山北斗"：理想人格的境界

以自然属性而论，一座山、一组星辰没有什么特别，但如果这座山是泰山（最大的山），星辰是北斗（最具方向性），无意间便增添了重重的分量，可识度翻番。如果再加上人文的色彩，其影响、地位则变得至高无上，不可撼动了。"泰山北斗"（又可简称"泰斗"）第一次出现是说韩愈，后来则成为形容学问、道德高而为众人所敬仰的人了。

北斗悬在高天，似乎不好标记；泰山矗立大地，有文章可作，于是在泰山就有了泰山北斗的若干遗迹，以供世人凭吊。耸立于泰山顶的北斗台，见证着北斗与泰山的密切关系，"泰山北斗"名副其实。北斗台（北斗坛）始建于明代，位于孔子庙的左前方。本世纪初重修，台上设石栏，华板刻二十八星宿。

位于泰山日观峰的拱北石，脊背上刻有"晓日观沧海"，故有了"探海石"的叫法。在其腹面，刻有"拱北石"三个大字。从字面看，"拱北"，是为"拱辰"，描述对象是北极星。但如果与"泰山北斗"相参照，应与"北斗"对应。

[文献索引]

其葬也，平阴、肥城两邑士民，相率助庸穿圹，负土成坟。……棺初上山，颇以攀陟为危，乃舁舆执绋者数百人，齐歌《蒿里》。蜂拥蚁附，登跻如云，无少轩轾。非先公惠政，先母氏懿淑所感，曷由至此？而风俗敦庞，邻里葡萄。

——《岱览·陶山》

[文献索引]

（鲁班洞北）明万历时所筑北斗坛，四面皆门而中通。上复为台，曰：礼斗。碧石并峙，多文采，俗呼辅弼二星，取"泰山北斗"之义也。

——《泰山道里记》

斗柄东指，天下皆春；斗柄南指，天下皆夏；斗柄西指，天下皆秋；斗柄北指，天下皆冬。

——《鹖冠子·环流》

北斗台旧影（民国）

与孔子庙毗邻的北斗台

峥峥连理柏（汉武帝所植）

日观峰拱北石

[文献索引]

子曰："为政以德，譬如北辰，居其所而众星共之。"

——《论语·为政》

同在山顶的"拱北石"与"北斗台"，一南一北，遥相呼应，共同阐释演绎着"泰山北斗"的故事。

负重登攀——"挑山工"风范

"挑夫"作为一个行当，与人们的社会活动共生，以一条扁担挑运货物营生，是一个十足的"苦力"。"身背"（背驮）"肩扛"（肩担），是搬运物体最原始的体力劳动之一，现代用词"负重""不弯腰""担当""扛得住"，其词源就来自这种劳作的基本形式及特点，成为面对压力或困难时所应对的不同方式。挑夫，以低微的身份随行于人类的发展史，但始终未被关注过。

时代在变，人们的认识、观念也在变。20世纪80年代初，泰山挑山工因冯骥才先生一篇散文而"横空出世"，别开生面地出现在世人的面前。21世纪的当今，又一次吹响了"做新时代泰山'挑山工'"的嘹亮号角。

四、生命与尊严：人本精神的回归　　137

东西桥上的山轿（1913年）

[故事链接]

我想，因为泰山挑山工的一个概念，是任何一个地方的挑山工都没有的概念。泰山挑山工也有文学的想象，他是像挑着一个山一样。挑山，他挑的是山，挑的不是东西，他把泰山人的精神和他们所承受的分量都表现出来了。

——《泰山挑山工·采访冯骥才》

当年在泰山我听人称他们是"挑山的工人"，才用"挑山工"这个称谓。我感觉"挑山"两个字浪漫，把山挑起来，要有多么大的力量和气魄，这是一种精神！峨眉山和黄山只是有一个称呼——"挑夫"而已。"挑夫"只是个职业称呼，"挑山"可不是！

——《泰山挑山工纪事》

不期而遇："初识挑山工"

在泰山没有"挑夫"这个称呼，人称"担山的""挑山的"，或叫"担山工""挑山工"。拨动泰山挑山工心弦的是著名作家冯骥才先生。他"初识挑山工"，是在22岁，"正处在一种向往着挺身弄险的年龄"，这也是他第一次登泰山，就遇到了"一种特殊的人就是挑山工"。这次来泰山是为写生，但不期而遇的挑山工引他疑问重重：

> 一个人，全凭肩膀和腰腿的力气，再加上一根扁担，挑上百斤的货物，从山底登着高高的台阶，一直挑到高在云端的山顶。而且，天天如此。这是一种怎样的人？
>
> ——冯骥才：《泰山挑山工纪事·初识挑山工》

正是这一潜伏的诱因，20年后的1981年，见闻式散文

《挑山工》问世，先后入选全国中小学语文课本，迄今读过这篇游记的人数以亿计。"头次登岱，目的在于绘画，收获却何止于绘画？"冯骥才自叹，"泰山的大气注入了我'胸中的丘壑'。"

在各个名山大川中都有挑夫这个行当，但唯独泰山当地始终称之为"担山工"。在冯骥才先生的认知中，挑山工与泰山不可分割。"挑山"二字具有精神的力量、文学的意境，"山"可以"挑"，还有什么不可肩负？气魄宏大，面对困难险阻，无惧无畏，动力源都来自泰山。

[故事链接]

我自泰山返回家中，就画了一幅画——在陡直的而似乎没有尽头的山道上，一个穿红背心的挑山工给肩头的重物压弯了腰，却一步步、不声不响、坚韧地向上登攀。多年来，这幅画一直挂在我的书桌前，不肯换掉，因为我需要它……

——《泰山挑山工纪事·挑山工》

(冯骥才说)在我的创作生涯中，有一种精神，一种力量，是与挑山工联系在一起的，它已注入我的血液和灵魂……

——杜仲华：《烟火人间｜最后的"挑山工"》

冯骥才：《泰山挑山工》图画

四、生命与尊严：人本精神的回归

怀着对泰山挑山工人文情怀的炽热，作为画家的冯骥才创作了国画《泰山挑山工》，并将其挂在了书桌前，以勉励自己的社会责任及艺术创作。

"盖有非常之功，必待非常之人"，冯骥才先生对泰山挑山工精神的发掘与弘扬，功莫大焉。

踏石留痕："一个汗珠子摔八瓣"

在泰山看到负重（一般60公斤左右，最多者可达100多公斤）的挑山工，无不沉言默语，静听下来只有重重的踏步声，那是挑山工双脚与大山石阶的奏鸣。视其形象，一如画家的画作，埋头挑担，奋力而攀，那是信念坚定、目标明确使然。毋庸置疑，养家糊口是挑山工最为朴实的愿望，但原始而崇高，货物的重量，丈量他对一家人生计的尺度：日子会好一点，老人安度晚年，儿女安心上学。默默无言，节省体力，奋力向上，体味生命的价值，宣示生命的张力。

到达南天门的挑山工

历史地看，泰山上下历代遗留下的文化成果，无不浸透挑山工辛劳的汗水。以建筑而论，如果没有了登山的盘道，没有遍山的庙宇，没有了碑刻、牌坊……，其光景不可想象。挑山工的"小家"情怀，牵动着一座大山的风采。挑山工在担当家庭的同时，也在担当社会。

"一个汗珠子摔八瓣"，是挑山工的自嘲，也是实际情形的写照。"汗流浃背""挥汗如雨"，是挑山工"工作"的常态。双脚落地，踏石"留痕"，是力量在心灵的成像。而豆粒大的汗珠从头上抛落，在石阶能摔出"八瓣"，还能听到响声，不再是夸张。

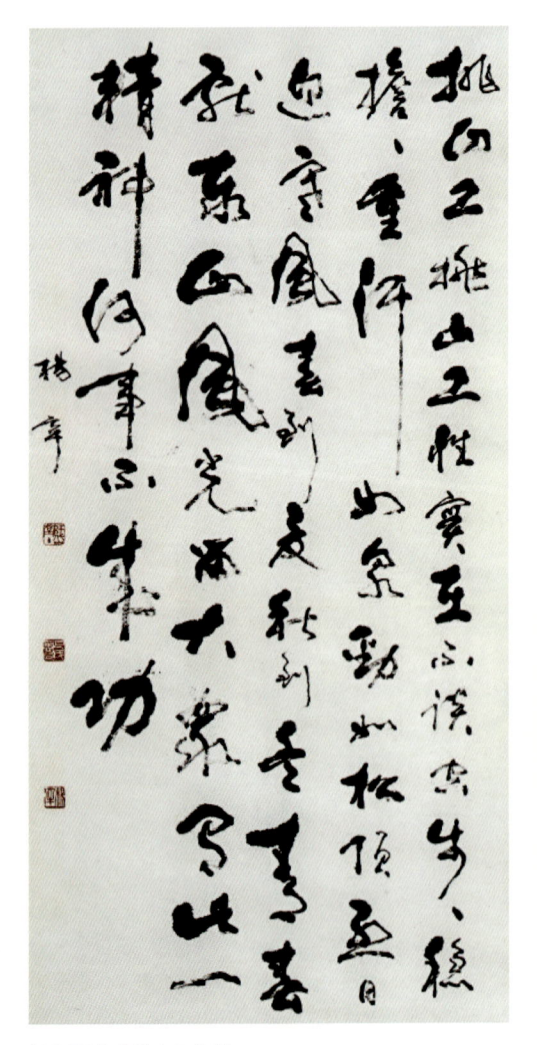

[文献索引]

泰山半腰有一段平路叫"快活三里"，一些人爬累了，喜欢在此歇脚。然而，挑山工一般不在此久留，因为休息时间长了，腿就会"发懒"，再上"十八盘"就更困难了。作风建设同样如此，越到紧要关头越不能有丝毫松懈。只要以滚石上山的劲头、爬坡过坎的勇气，保持定力、寸步不让、深化整治、见底见效，就能一步步实现弊绝风清、海晏河清。

——习近平：《推进党的建设新的伟大工程要一以贯之》

杨辛题书《挑山工》诗

美学家杨辛，也是泰山挑山工精神的发掘者与弘扬者。他的《泰山美学考察》，无疑是新时代的发轫之作。而诗作《泰山颂》，已镌刻在了泰山上下。对泰山的崇敬也唤起了他对挑山工的关注。一首《挑山工》诗，表达着敬佩与赞扬。2016年在他95岁时，与好友雕塑家、书法家钱绍武先生携手，义卖作品成立了泰山"三工"（挑山工、护林工、环卫工）基金，用于其生活、工作的资助，可敬可贺。

山高路远："快活三里不歇脚"

什么叫"坚韧不拔"，待你看到了肩挑重担的担山工，便会迎刃而解。什么叫"一鼓作气""一以贯之""趁热打铁"，待你跟上挑山工的步伐，便能体味到其中的真谛。在泰山有个叫"快活三里"的路段，平坦而无台阶，都是颇具弹性的土质路面，走在上面不知不觉"三里"就过来了。从山下进"一天门"过"中天门"，至此登山已过大半，游山者会自喜"功半"，可享受于停歇的惬意。然而对于挑山工，却"寸步不让"，没有"丝毫松懈"，恰是乘势蓄力，赶登顶峰的最好机会。

这是挑山工登山的节律，更是人生哲理的声响。

"心无旁骛""专一而致"，这是挑山工知难而进的基本功。当你在泰山遇到挑山工，想跟他攀谈几句，但总是找不到机会。即便打个招呼都不曾回应，这不是冷漠，专注与坚持，使他不会轻易受到外界的干扰与影响。目标所向，矢志不渝，直至成功，是挑山工稳定的心理倾向与勇往直前的精神操守。

当某种行为升华为一种精神，它就冲破了原有属性的限制而大放异彩。在时代发展的大势下，泰山"挑山工"已经成为一种精神的载体，身负重任，坚定信念，不达目标，攀登不止。它无关阶层、无关身份、无关职业。在此意义上，"县委书记的好榜样"焦裕禄、石油工人"铁人"王进喜、"中国导弹之父"钱学森、航天英雄杨利伟……，何尝不是不同时期、不同界别的泰山"挑山工"？！

新时代需要新一代的泰山"挑山工"，人人都可以成为"挑山工"。

［文献索引］
山再高，往上攀，总能登顶；路再长，走下去，定能到达。
——习近平：《在第十三届全国人民代表大会第一次会议上的讲话》

世路与谁分曲直

五

礼制与世俗

祭祀的流变

　　"泰山安,四海皆安",泰山始终与家国情怀关联在一起。朝山祭祀是一种情感表达,它的一致性即天下统一、国泰民安共同意志的体现,在泰山这个平台上增强着民族的凝聚力、向心力。从一定意义上讲,最具影响力的"封禅",即是"旧邦新命"来一次革命的政治大典。东岳庙会的热闹,则是民众向往新生活、追求精神解放的一次洗礼。朝廷神圣庄严的盛典,民间通俗喧嚣的礼赞,殊途同归。

五、礼制与世俗：祭祀的流变

当一种文化成为某种社会生活习惯时，必定有着它不可替代的内在因素。在泰山文化中，信仰文化始终占据主导地位，因此无论官方还是民间，祭祀的氛围浓烈。泰山是一个社稷根基牢固、社会稳定的象征。国家与社会的稳定重在秩序，秩序的建立在于礼制，而祭祀无疑列古代礼制建设之首。"国之大事，在祀与戎"，祭祀是国家的头等大事。以民众而言，泰山当仁不让地成为一个族群、一个家庭生活的靠山。朝廷用事泰山、民众朝拜泰山，形式举措有异，动机、目的相同，都在期待一个美好的日常。

祭秩的礼制——朝廷作为

祭祀形式，特别是宗教仪式，是与所信奉神祇沟通的渠道，具有相对的稳定性以及程序性，形成特定的神秘感及神圣感，以取得这一信仰共同体的普遍认同。故这些做法被看作是"定制"，传承延续下来。在泰山祭祀的大头戏中，皇帝是主演，扮演着一面是君主、一面是"住持"的双重角色。朝代更迭，本色不变。

超然自得——对松山

岱庙"五岳独宗"碑

祭祀的形式

祭祀，是把人与人之间的索求酬谢关系，延伸到了人与神祇的关系之中。因此，凡人之所喜所好的物品都可用作求神、报神的礼物。祭祀形式的表达，也由人们的认知理解和喜好来摆布。一切都以人的意愿为转移，一旦形成定式，也就被后世所承续，这就是所谓的礼制。祭祀形式多种多样，以便多方面都能表达出不同的信仰情感。泰山祭祀相对固定的模式最典型的有：柴、望、坛、坎等，都与传统的礼制密切相关。

"柴"——无论是巡守还是封禅，烧火祭天的形式不变。《尚书·舜典》说：春二月，舜帝东巡之时，"至于岱，柴"，即燔柴祭天以告至。也可以说：柴之对象是天。后世注经者说，祭祀时会在柴上加"牲"（祭祀用的全牛）以享天神。

"望"——山川之祀名。望："望其远也"，这也是王者的权属，以表达"溥天之下，莫非王土"。虞舜巡守中的"望秩山川"的"望"，与"柴"相对应，从祭名之形式可知是对大地的祭祀之礼，望之可见，即我之领土。柴、望两者皆为巡守祭祀的基本形式。望祭与祭天是联系在一起的，可视为祭天仪式的补充，也非天子所不用。春秋时鲁僖公要祭天，不合理道，故用占卜来决定，

[文献索引]

岁二月，东巡守，至于岱宗，柴。
《传》：燔柴祭天告至。……
《尔雅》："祭天曰燔柴。"马曰："祭时积柴，加牲其上而燔之。"
——《尚书·舜典》

燔柴于泰坛，祭天也。
《疏》：谓积薪于坛上，而取玉及牲置柴上燔之，使气达于天也。
——《礼记·祭法》

夏，四月，四卜郊，不从，乃免牲，非礼也。犹三望，亦非礼也。
——《春秋左传·僖公三十一年》

三年，春，不郊，而望，皆非礼也。
——《春秋左传·宣公三年》

清康熙南（东）巡图——泰山

结果显示也是不能,于是实施了"三望"(祭泰山、河、海)之礼。但这也是非礼之举,故受到指责。

"坛"——祭天、祭地皆用之。在高山之上筑坛,意在高上加高,以高事高,容易接近天神。祭地筑坛,为的是广而覆之,以地事地,便于接近地神。原始的做法是扫地而祭,不筑坛,称作"墠"。秦始皇封禅,于山上祭天用的是雍畤之礼。考古发现表明:雍畤也是筑坛为之,符合后来所说的"封土为坛、除地为场、为坛三垓"的形式和规模。

"坎"——祭祀之坑。坎,本义坑、穴,掘地以埋而祭。从表现形式上看,即属阴祭,山林、丘陵、川谷等地上之物均归此属。泰山南麓发现的两处祭祀坑,均为礼制中所说的坎。一是20世纪70年代于凤凰村发现的祭祀坑,埋有4件石器(3件存泰安市博物馆,1件出土后遗失),是祭祀泰山的遗物。二是20世纪50年代于东更道发现的祭祀坑,内有7件礼器(铜罍6、铁盘1,现分藏于国家博物馆、山东博物馆),埋在泰山脚下,是用来祭祀泰山的。

封禅,是"坛"祭的二重奏,也是泰山祭祀中最为华丽的篇章。封,是以堆土起台,以祭天;禅,即"墠",原本无坛,扫地以祭,后起台坛,以示神圣。

凤凰村祭祀坑出土的石叶器

[**文献索引**]

凡封土为坛,除地为墠。古封禅字盖只作墠。项威曰:除地为墠,后改墠曰坛,神之矣。服虔曰:封者,增天之高,归功于天。禅者,广土地。应劭亦云:封为增高,禅为祀地。惟张晏云:天高不可及,于泰山上立封,又禅而祭之,冀近神灵也。

——[清]段玉裁《说文解字注·禅》

四坎、坛,祭四时也。山林、川谷、丘陵,能出云,为风雨,见怪物,皆曰神。

——《礼记·祭法》

此泰山上筑土为坛以祭天,报天之功,故曰封。此泰山下小山上除地,报地之功,故曰禅。言禅者,神之也。

——张守节《史记·封禅书·正义》

五、礼制与世俗：祭祀的流变   149

玉皇顶"古登封台"（1956年）

山川一览——"莫非王土"

五、礼制与世俗：祭祀的流变

封坛、禅坛，是祭天、祭地的最高表现形式。祭坛就是一个"道场"，一个"法坛"，天子要亲自执事，既是最高的统治者，也是"住持""方丈"，在祭祀活动过程中完成角色的转换。用一个中央政权的行政机构，去完成一个由教派组织系统所实施的宗教活动，是泰山祭祀的一个显著特色。

诸侯的荣耀

公元前715年，发生了一件为了泰山祭祀而进行国土置换的大事。

郑国要与鲁国交换土地，用泰山下的祊地（祭祀泰山的地方），换取鲁国的许田（早属许国故名），后又要求鲁国将之归还，由此引出一段鲜为人知的祭祀故事。西周之时，有天子祭祀泰山诸侯助祭的制度。在泰山附近，天子赐诸侯一块封地，谓之"汤沐之邑"。因泰山之祭是天子的专权，故上山施礼之时诸侯则在山下"汤沐之邑"从祭。西周之末天子势弱礼衰，废泰山之祀，故郑国要求祊地回归。这一事件表明，天子亲祭泰山在西周时已经成为一种制度。这也是后世《礼记》所言"天子祭天下名山大川"的来由。

公元前629年，发生鲁国要祭天事件，引发舆情骚动。

依周礼诸侯不可祭天，但鲁国却要有意为之，多次占卜不吉而作罢，但仍举行了"三望"之礼。"望"，即望祭，"秩而祭之"，是天子的权力，诸侯则不能，也属非礼。又有季氏"旅"（祭祀的专名）于泰山，行鲁国君主之祭，显然是大逆不道，被孔子讥之。由此可知，春秋战国时期，泰山之祭从礼制的角度而言，仍是最高等级的祭祀。

[文献索引]

郑伯请释泰山之祀而祀周公，以泰山之祊易许田。三月，郑伯使宛来归祊，不祀泰山也。

——《春秋左传·隐公八年》

邴（祊）者何？郑汤沐之邑也。天子有事于泰山，诸侯皆从泰山之下，诸侯皆有汤沐之邑焉。

——《春秋公羊传·隐公八年》

邴者，郑伯所受命于天子，而祭泰山之邑也。

——《春秋穀梁传·隐公八年》

[名词集解]

汤沐之邑 是天子祭祀泰山时专供诸侯使用的陪祭之地。因祭祀应沐浴洁斋以致其敬，故谓之"汤沐之邑"。这种封邑，是针对有功于王室的诸侯，京师有朝宿之邑，泰山有汤沐之邑。

东更道汤沐邑祭祀坑出土的铜缶之一

[文献索引]

三望者何？望祭也。然则曷祭？祭泰山河海。曷为祭泰山河海？山川有能润于百里者，天子秩而祭之。触石而出，肤寸而合，不崇朝而遍雨乎天下者，唯泰山尔。河海润于千里。

——《春秋公羊传·僖公三十一年》

朝廷的盛典——封禅、巡守、告祭

公元前209年，秦始皇封禅泰山，开启了中国祭祀史上的新纪元。

秦嬴政并天下而王，注定不同以往。破天荒，始称"皇帝"，自诩功过三皇、五帝。创新制，封禅泰山，将泰山祭祀推向一个前所未有的高度。受命、报功并举，国运、寿命兼得。这让后来者汉武帝羡慕不已，步其后尘登临泰山，并持续发酵，建汉家五年一修封的礼制。由于将"受命""长命"捆在了一起，私利过于显露，引得后世帝王有所顾忌。之后又有汉光武帝、唐高宗、玄宗、宋真宗相继到泰山登封降禅，成为历史大片的高光时刻。

公元85年，承续着虞舜的步伐，东汉的章帝巡守泰山。

章帝即位，岁二月，东巡守，柴祭天地，再次开启巡守之祭。时隔39年，安帝接踵而至，升火祭天。巡守，是除封禅之外最高的礼仪，都属就祭的范畴，从一种仪式渊源而言，封禅是由巡守发展而来的。到了隋代的开国皇帝文帝，即位之初曾在南郊祭天时行封禅的礼仪，开皇十五年春东巡，在山下设柴坛以祭。

隋朝，是中国历史上继南北朝之后的统一帝国，似应在泰山举行封禅大典，就连封禅礼神的"受命玺"都备好了，然而在隋文帝的一再犹豫之下失去了机会。"竟不升山而还"，引来后世史学家的无限感慨。清代的康熙皇帝，也曾为是否封禅存在矛盾心理，但因压力过大最终以"东巡"了事。

公元1684—1790年，在"康乾盛世"期间，泰山祭祀迎来最后一个高峰。

康熙3次、乾隆10次就祭泰山，所祀神祇除了岳神东岳大帝之外，又有了碧霞元君，因此岱庙、碧霞祠都是必到之处。康熙来泰山具有古之巡守的性质，也曾为是否要封禅犹豫不决。乾隆不说封禅，自言为苍生祈福。

[文献索引]

章帝即位……二月，上东巡狩……上至泰山，修光武山南坛兆。辛未，柴祭天地群神如故事。
安帝即位……延光三年，上东巡狩，至泰山，柴祭，及祠汶上明堂，如元和二年故事。
——《后汉书·祭祀中》

初，帝既受周禅，恐黎元未惬，多说符瑞以耀之。……仁寿元年冬至祠南郊，置昊天上帝及五方天帝位，并于坛上，如封禅礼。
——《隋书·礼仪一》

神玺，宝而不用。受命玺，封禅则用之。
——《隋书·礼仪七》

十五年春，行幸兖州，遂次岱岳。为坛，如南郊，又墠外为柴坛，饰神庙，展宫悬于庭。
——《隋书·礼仪二》

封禅之礼，自汉光武之后，旷世不修。隋开皇十四年，晋王广率百官抗表，固请封禅。文帝令牛弘、辛彦之、许善心等创定仪注。至十五年，行幸兖州，遂于太山之下，为坛设祭，如南郊之礼，竟不升山而还。
——《旧唐书·礼仪三》

岱庙天贶殿前西侧乾隆御碑亭

唐玄宗、宋真宗封禅所禅之地——社首山

維開元十三年歲次乙
丑十一月辛巳朔十一
日辛卯嗣天子臣隆基
敢昭告于
皇地祇臣嗣守鴻名
茲丕建率循地義以為
人極風夜祗若汽未敢
康賴
坤元降靈錫之景祐
植庶類屢惟豐年式展
時巡報功
薦茲臺禮式表至誠
以玉帛犧齊粢盛庶品
睿宗大聖真皇帝配
神作主尚饗

社首山禪壇出土的唐玄宗玉冊

維大中祥符元年歲次戊申十月戊子朔
二十五日壬子嗣天子旦敢昭告于
皇地祇無私垂祐有宋肇基命惟
天啟慶賴
太祖神武威震
萬寓
太宗聖文德綏九土日恭膺寶
命籙承丕緒
祓延鴻秘文昭著八表以寧五兵不試
九穀豐穰百姓親比
是懼溥率同詞搢紳協議因以時巡而
祖宗潔誠嚴配以謹以玉帛牲齊粢盛庶
百世黎元受祉謹以玉帛牲齊粢盛庶
品備茲禋基式表至誠
啟運立極英武聖文神德玄功大孝
皇帝
皇考太宗至仁應道神功聖德文武
大明廣孝皇帝配
神作主
尚饗

社首山禪壇出土的宋真宗玉冊

五、礼制与世俗：祭祀的流变

最为隆重的祭祀之礼，要数康熙第一次来泰山（康熙二十三年，1684）在岱庙祭拜泰山神的典礼，于泰山神位前，行"二跪六叩头礼"。乾隆登基十三年，也在岱庙行躬祀礼，仪式如康熙故事，只是增加了唱乐，这又是一种高规格的体现。乾隆写泰山的诗有上百首，因对岱庙情有独钟，赋诗最多。

"告祭"，是与"就祭"（"亲祭"）相补充的一种祭名。仅从字面就可以看出，它比亲临祭祀低了一个规格。告祭是天子不亲自为之，派遣他人实施的一种祭祀。东汉时期泰山太守应劭在每年的"合冻""涸冻""解冻"祭祀之时，在泰山庙代行祭祀之事，事毕之后要向朝廷上报奏章，就属告祭的一种。依祭制而论，这种告祭为常规祭祀。唐代的一份《常祭仪祝》显示，告祭泰山有一个规范性的文本：时间、天子某、遣员某，乃至具体的祭祀行为，一应写明。

在告祭活动中，明代的资料最为丰富，可知官方有多方面的需求。方志及碑刻显示，包括兵事、农事、嗣统等国家大事，均"遣望有告"。凡此种种，皆因一时所需而祭祀，不在常规祭祀的范围之内，故属非常规祭祀。在朝廷看来，泰山"主司生民""作镇东土，兴致雨云，茂育万物""气钟灵秀，职主发生"，所祈之事都在泰山的职司范围之内。

封禅、巡守、告祭，都属国家级祭祀，是天子有话说。一个国家的喜怒哀乐，都会在泰山有所表达。泰山，是"温度计"和"试金石"，一个民族几千年的兴衰荣辱，都会在他巍峨的体魄上、深邃的目光中有所标注。

[文献索引]

皇帝入庙，至二门，降辇。……皇帝就拜位……迎神……皇帝行二跪六叩头礼……初献……皇帝行三叩头礼。（亚献、终献同初献）……送神……皇帝行二跪六叩头礼……礼毕，皇帝升辇，还行宫。
——《康熙二十三年圣祖仁皇帝躬祀东岳仪》

来因瞻岱宗，岱庙谒诚恭。封禅事无我，阜安祈为农。代天敷物育，福国赐时雍。九叩申虔谢，八旬实罕逢。
——[清]乾隆《谒岱庙瞻礼作》

维某年岁次月朔甲子，嗣天子某，谨遣某官某，敢昭告于东岳岱宗：惟神赞养万品，作镇一方，式因春始，谨以玉币牺齐，粢盛庶品，朝荐于东岳岱宗。尚飨。
——[唐]《开元初定常祭仪祝》

生活的行歌——民间朝山

在信众的心里，泰山神主宰着人间的贵贱祸福，当无法实现自己的生活愿景时，就会把目光投向所信赖的神灵。民间的朝山进香活动，重在一个约定俗成，每逢春季到来，天南海北的信众纷纷走出家门、走出村落，成群结队涌向泰山。历史地看，《汉镜铭》所记的"上泰山，见神人……"让我们将目光推向两汉。由此，几千年来年复一年，朝山的人流络绎不绝。有人推测，泰山是世界上留下人类脚印最多的大山。接踵而至的信众，满怀崇敬与虔诚，渴望在泰山梦想成真，过上美好的日子。

香客的名义

香客，是对前来泰山烧香人的通称。在当地"客"读 kēi，家里有客人来，就说"来 kēi 了"，是亲戚的泛称。这种称呼，是把来烧香的人当作亲人看待的。因为，无论你从哪个地方来，是穷还是富，这都没有什么，你只要是来朝山进香的，就是一家人。有事拜托别人帮忙或请求原谅，"没外人"是常挂在嘴边的话，它产生于香客与香客之间、香客与当地人之间的和谐关系之中。以香客的名义走到了一起，被看作一种机缘，相当于进入了一个大家庭，足见信仰的感召力与亲和力。

来泰山，"香客"本身就是一种荣誉，遇事就是护身符，能担事，让人信得过。

在当地人看来，香客是来行善的，能为香客做点事也就等于自己做了善事。为了让朝山人免受口渴之苦，山上常有施茶者，为此还结社成团。如明代就有一家莱芜香社，"同名会社，各出己资，共集一处，普舍施茶"。当时对香客还会有"同志"之称，以此来表明他们同心同愿，施茶于"同志"也是修善。对于老弱病残的香客，当地人也会伸救济之手，同样被看作积德行善的好事。

善良、互爱，是"同志"的基本特征。

[文献索引]

天福六年三月十七日，新澶州岳社头郭肇尊……遂乃拱志修崇，归心祀享。结集岳社，化彼邑人。不暮月间，总四十户。至天福元年三月十日，社众西自新州，东之太岳。远备牢醴，克置羞荐。无愧叨僭，惟竭至诚……天福三年五月十日，建就堂一所三间，四下椽周回行，墙二十四堵，门楼一所。……天福五年三月九日，迎入将军、夫人真形两座，厮儿、妮子两人，夜叉一对。

——五代后晋天福六年（941）《太岳奈河将军庙堂石记铭并序》碑

红妆素裹——不见经传的花楸

进香的人多了，有的路途遥远，需要一定的组织形式，香社（香会）应运而生。在早期资料中，外地有一家因同心同愿结成的香社，名叫"岳社"，当头的称为"社头"，信众为同乡同里的邑人，有40户之多，自后晋天福元年至五年（936—940），备置不同的贡礼，多次到泰山进香。

在泰山岱庙天贶殿前，摆放有两只宋代大铁桶，这是我们目前所能看到最早的香社贡器。该香社的组织者称"会首"，名叫李谅。这个香会成员多是富有人家，所献的铁桶是盛水器，以备防火之用。

香社的结构是松散的，人数没有限定，或以近邻为单位，或以家族、行业为依附。组织领导者称香头、社首，信众则以信士、弟子、善人等称之。在清代泰山当地较有名的一个香会是"合山会"，以合祭泰山得名。这是一个延续时间长、会员分布广的香会组织。香会的成员覆盖泰山东南麓的几十个村庄。自1768年结社至1893年最后一次立碑纪念，有125年的历史，并从起初几十人增至上千人。

香社组织，是朝山进香的主力军，也是泰山信仰最忠实的维护者、实践者。

[文献索引]

大宋国兖州奉符县献铁桶，会首李谅。右谅窃以神功默运，潜持祸福之权；妙用无私，密握生成之造。伏见国家尊崇庙貌，百物鼎新，而圣帝庙前阙少水桶二只。今纠到敬神之众，共结良缘。具姓名如后：会首李谅施钱贰拾贯文……右众会人，特发虔心，谨舍净财共成胜缘。伏望圣慈，俯赐照察。建中靖国元年五月吉日。会首李谅等献。

——北宋大中靖国元年（1101）岱庙《铁桶铭》

岱庙天贶殿前香社所献的宋代大铁桶

五、礼制与世俗：祭祀的流变　　161

岱庙大殿前的进香者（当代）

王母池排队焚香的香客（当代）

香客供品一角（当代）

碧霞祠西神门台阶上接踵而上的香客（当代）

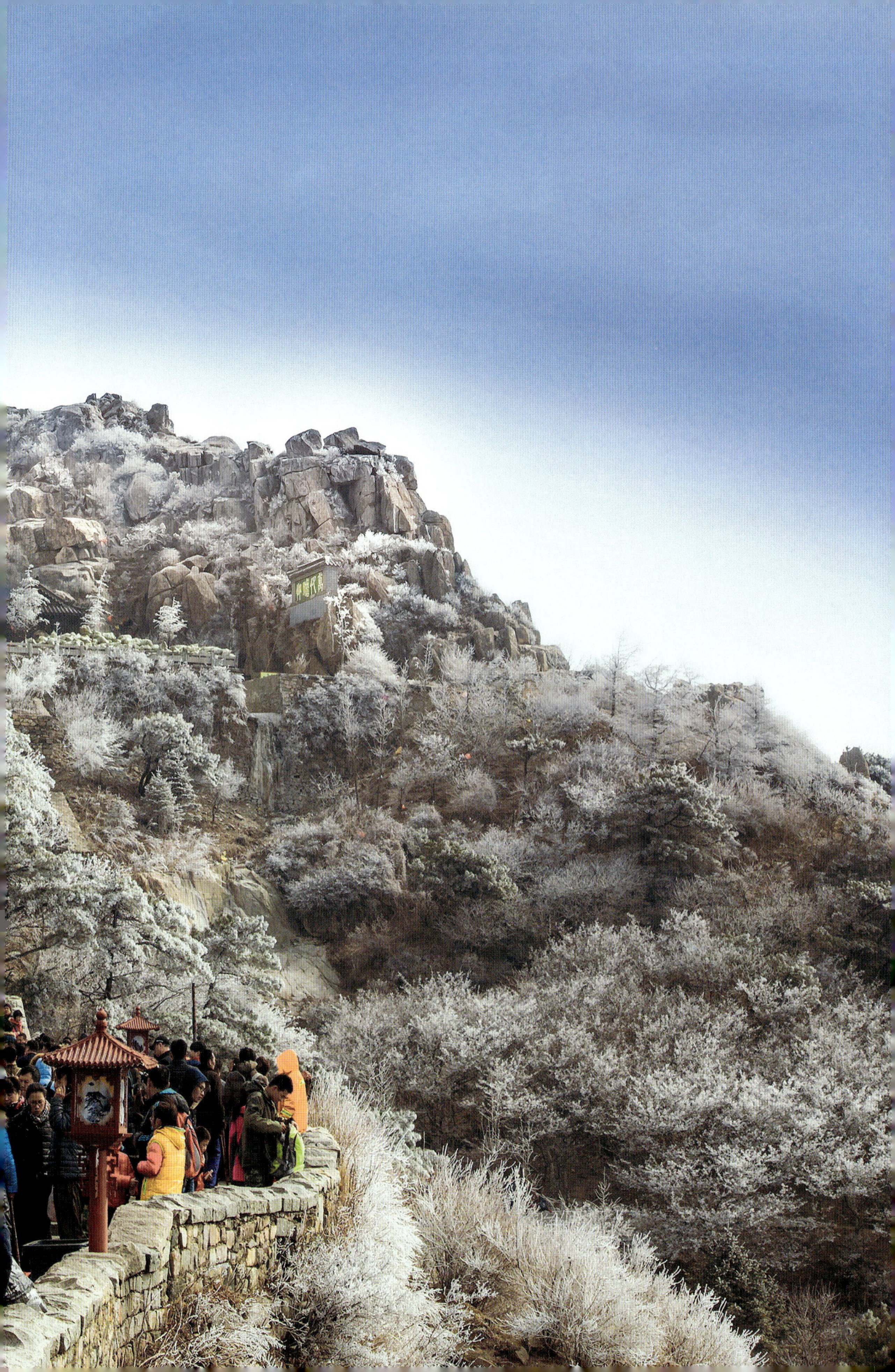

聚集在碧霞祠山门前的香客（20世纪50年代末）

一天门前浩荡的进香大军（当代）

奉祀于碧霞祠后寝宫内的元君檀木像（1913年）

进香的礼数

朝山进香年年有,自然就有了约定俗成的规矩,这些习俗各地虽不尽相同,但大致的程序是近似的。

约期备礼。首先要确定日期,最热门的日期是东岳大帝、碧霞元君的生日,此日香客最多,有的香社也会另选他日。到泰山进香,要给崇奉的神祇(宋元时期是东岳大帝,明清则以碧霞元君为主神)准备供礼。各地说法不同,礼品会有差异,一般有神袍、绫帐、宝盖、旗幡等。供礼备齐,一般要开一个礼单,将各社员随礼一一列清,以备在神灵面前宣示公布。一切准备停当后,就可按选定的日期动身出发了。

真情真意,量力而行。他们心中念想的是:心到神知。

起程朝山。进香出行,一般要举行一定的仪式。一是祈求一路平安,二是给泰山奶奶先报个信。最典型的要算是"烧信香"。所谓"信香",就是向泰山奶奶先发个信号,告知要去进香了。有的比较讲究,还要抬着奶奶圣驾,沿街烧纸烧香,敲锣打鼓巡游,以壮声威。因为能去泰山进香,是非常荣耀的事情,需大张旗鼓,这被称作"信香演社"。

人与神的沟通,多由香点燃后所冒出的烟气来完成。民间常有烧"高"香一说,这"高香"不在香体之高,而是说烟气上升之高。

投宿安驾。路途投宿,进店后的第一件事就是安驾。驾,就是安放元君圣像的装置,称之为"奶奶驾"。奶奶驾由会首背着,每到一处投宿,需先将圣驾安置于房正中,上供朝拜,然后才张罗着吃饭休息。香客吃饭谓之"搭伙",即统一安排伙食,最后由会首一并结账。

停顿安驾,是进香必不可少的一环。

到泰山后,先在香客店安顿好。到店的第一件事就是要办理相应的进山手续,因为进山要到遥参亭按人头交香税,有的由香客店统一交纳,离店时一齐结清。上山前的一顿饭,香客均食素。洗刷停当后,洁衣整冠,赶早上山。

[名词集解]
奶奶驾 一种一人背或二人抬的木制装置。因其所载是泰山奶奶,故有"奶奶驾"之称。简单一点的就是一个架子,便于安放神像,也可以背起来,上面挂碧霞元君画轴,最初叫奶奶"架",后来称"驾",以示神尊。豪华一点的,就做成一个宫殿式两人抬的小轿子,殿中有元君像(或画或雕像)。奶奶驾,是具有一定规模香客团朝山进香所必备的工具。

小泰山的香社碑群

进山烧香要交税,天下第一桩的怪事。因朝廷有利益可得,也就见怪不怪。

山顶献礼。明清时期来朝山的香客,都要到山顶碧霞元君的祖庭——碧霞祠。临近西神门,在盘道北侧有一处醒目的"振衣岗"石刻,香头会提醒大家整好衣冠,保持肃静。凡乘轿上山者,此时也要下轿,以表虔诚。到西神门时,门口有一掌号人,身前摆有一个装钱的箩筐,掌号人一声吼叫,会首、众香客便要向箩筐内扔制钱,这就是"西神门上张声号,泰山娘娘早知道"的规矩。然后进山门到元君大殿前,结队参拜。参拜时由会首在前,率领众香客上香、叩首行礼,并将供品一一陈列,显其礼金轻重。

在神灵面前,本不应势利于钱财,但不染社会之陋习很难,到了当代更是难上加难。

许愿、还愿是民众进香过程最常见的祈祷形式。所谓许愿,是向自己信仰的神祇提出诉求愿望,并许诺事成之后作出酬谢报答。还愿,也称"消愿",如果已经有了所祈求的结果,以许愿时的承诺正式作出回报,以此消除当时所许之愿。如清咸丰五年(1855)的《阳邱王母贤德碑》,就记述了一个许愿增寿、还愿植树的故事。在善男信女看来,有许有还,容不得半点的马虎。

一求一报,坦诚相待,说一不二。

拴娃娃是朝山进香的重头戏。在碧霞宫的送子娘娘殿拴一个娃娃回去,对已婚未育的家庭来说是迫不及待的头等大事。神台上送子娘娘的身边及身上有许多泥娃娃(前些年时兴石膏做的娃娃,外刷金粉),凡来拴娃娃者,都事先备有一根红头绳或红布条,上供、烧香、磕头、投完香钱后,拿出绳来系在娃娃的脖颈上,口中念念有词:"回家啦,回家找娘去。"边

[故事链接]

(会首)老侯老张看着正面安下圣母的大驾,一群妇女跪在地下。一个宣唱佛偈,众人齐声高叫:"南无救苦救难观世音菩萨!阿弥陀佛!"齐叫一声,声闻数里。号佛已完,主人家端水洗脸,摆上菜子油炸的馓枝、毛耳朵、煮的熟红枣、软枣,四碟茶果吃茶。讲定饭钱每人二分,扦油饼,豆腐汤,大米连汤水饭,管饱。众人吃完饭,漱口溺尿,铺床睡觉。
——《醒世姻缘传》第六十九《招商店素姐投师 蒿里山希陈哭母》

[文献索引]

投店者,先至一厅事,上簿挂号,人纳店例银三钱八分,又人纳税山银一钱八分。
——[明]张岱《陶庵梦忆》卷四《泰安州客店》

坐定遥参亭二员,一收本省香税,一收外省香税,俱填单给与香客。……红门、南天门各一员,俱验单放行。顶庙碧霞宫门上一员,查放香客出入。
——[明]《岱史》卷十三《香税志·委官员额》

"拴福"还家——信仰中的风景

五、礼制与世俗：祭祀的流变　　171

送子娘娘殿可爱的金娃娃

走边喊，还要连喊三遍。拴子的形式还延伸出树枝上拴红绳压石子的习俗，"拴枝"谐音"拴子"，压石子，也就是压子，成就着一桩桩许愿得子的美谈。当今又有山顶"拴福"的讲究，渐有流行之势，遂成一道风景。

求子生子，是生命的延续，更是生活的寄托。

香客之家

香客店，是专为朝山进香香客所设，同是住宿、吃饭，也就多了些与普通客店不同的地方。

"接顶""朝山归"——是庆贺之仪。先有上山者贺，在香客起身上山时说些庆祝的话。所谓"接顶"，是香客店为上山的香客接风洗尘。而"朝山归"，则是香客朝山回来，要开筵请酒相贺。同是庆贺之席，因银两交纳有所不同，招待的场面也有所差别。上山之前，香客店需备素斋，是在吃上的讲究，有"上山包子、下山面"的说法。至于朝山用的香烛元宝等，更是香客店所必备。

朴素的名头，直接的表达，都是情感的付出与回报。

五、礼制与世俗：祭祀的流变　173

[故事链接]

离州城数里，牙家走迎，控马至其门……到店，税房有例，篢轿有例，纳山税有例。客有上中下三等，出山者送，上山者贺，到山者迎。客单数千，房百十处，荤素酒筵百十席，优僳弹唱百十群，奔走祇应百十辈，牙家十余姓。

——[明]张岱《岱志》

[文献索引]

客店至泰安州，不复敢以客店目之。余进香泰山，未至店里许，见驴马槽房二三十间；再近，有戏子寓二十余处；再近，则密户曲房，皆妓女妖冶其中。余谓是一州之事，不知其为一店之事也。……店房三等：下客夜素早亦素，午在山上用素酒果核劳之，谓之"接顶"。夜至店，设席贺，谓烧香后求官得官，求子得子，求利得利，故曰贺也。贺亦三等：上者专席……次者二人一席……下者三四人一席……计其店中，演戏者二十余处，弹唱者不胜计。庖厨炊爨亦二十余所，奔走服役者一二百人。下山后，荤酒狎妓惟所欲，此皆一日事也。

——[明]张岱《陶庵梦忆》卷四《泰安州客店》

"棒槌""笸箩""金钟"——用生活中常见的实物作为招牌，是山上香客店的一个特色，也是它具有适应性与针对性的一个重要做法。山上住店的香客，大部分是贫穷者，富有的一般不住在山上。为了适应老百姓不识字的特点，香客店选用具体的实物形象作为香客店的标志，这样就具有很强的易识性。如棒槌店、笸箩店、双升店、鞭子店、响旦店、鹦鹉店、金钟店等，都是以实物或雕其形象挂在客店的门前，作为招牌。

招牌，同样散发着生活的气息。

"泰山的虼蚤（跳蚤）当天打来回"——是一个笑话。天街上香客店条件差，一般都是土炕大通铺。当时有泰山虼蚤山上山下当天打来回一说。有言山上香客店的虼蚤特别多，在山上住一夜，衣服内就会沾上很多。以前有扎腿的习惯，下山到了岱宗坊，解开绑腿轻松一下，抖搂抖搂，跳蚤就落在了地上，不一会又跳到了上山人的身上。这样，不到一天的时间内，跳蚤山上山下打了一个来回。住的条件差，吃的也很简单。明面上吃饭不收钱，其实是不单收而已，在住宿中找齐了。

由跳蚤引发的故事，往往能激起年长者诸多往昔的记忆。

"客店也有一千四五百家"——《水浒传》如是说。香客多，香客店也就多。据相关调查，在清末民初的时候，仅泰城就有几百家香客店，著名的就有八大店之说。在通天街，可以说是一步一个店，稍大点的就有几十个。在张岱的《泰安州客店》中，展现了明末清初香客店的特点及盛况，"妓女妖冶""店房三等""贺亦三等""演戏者二十余处"……市井百态，历历在目。

1930年斯诺登泰山时曾经住过的香客店

天街香客店（1956年）

五、礼制与世俗：祭祀的流变　　175

棒槌店招牌（原物展示）

金钟店招牌（原物展示）

鹦鹉店招牌（原物展示）

笊篱店招牌（原物展示）

信仰面前无贵贱，金钱面前有上下，古今一理。

"张大山"——张大山店，是泰山很有名的香客店。"张大山"不是人名，"大山"是其店号，掌柜的张姓。张大山店在清末民初发展到鼎盛。高大的店门坐北朝南，门两边各有一旗杆，两旁有上、下马石及拴马桩。张大山店的南北进深很大，前厅、中厅、后厅依次坐落，花园、书院、戏楼、理发店、烟馆等一应俱全。"会茬子""接风"是张大山店的看家能耐。每年秋冬都派人出去与老顾客会面，预约来年，这叫"会茬子"。而每年初一凌晨开始，也会在各个路口接香客到店，并为其摆席款待，叫"接风"。

"促销"有方，经营有道，没有做不好的生意。

百姓的狂欢节——东岳庙会

当人们在一定的时间，不约而同地从四面八方会集到泰山，参与大致一样的祭祀活动及娱乐活动，并逐步程式化的时候，那么庙会便成熟定型了。完整意义上的泰山庙会，在宋代发展成熟，并达到鼎盛。在一定的时间，不约而同，无论远近，不同地区，香客云集，一个热闹盛大的节日开始了。

岁月有痕——岱庙南城墙

[故事链接]

赶庙会，开市场，各种货物来四方。
有洋货，有土产，还有大喝小吃馆。
这一边，摆面摊，台凳板桌都齐全。
爹揉面，娘烧炉，生意买卖儿照顾。
那一边，更热闹，汉子张口大声叫。
酸梅汤，荷兰水，价格便宜味鲜美。
有老少，有男女，杂乱拥挤来复去。
买者少，看者多，腰里没钱没奈何。
乡民苦，乡民穷，金钱日日外国送。
说缘由，话根底，生产赶早用机器。

——冯玉祥《庙会的市面》

"长春会"——不同于其他地区的庙会，泰山庙会的会期要持续一个春季。明清之时，正月初一一大早，当岱庙的道士将标有"长春会"的大红灯笼挂上正阳门，标志着一年一度的庙会开始了，一直延续到四月初八。如果与"正史"相参照，这是自古以来春天祭祀泰山活动的一种承续。春是一年之始，是万物复苏的季节，新生命来临。既然泰山是东方之山，东方代表四时的春天，那么对其祭祀，就应该在春季进行。

这是春天的集会，生命的交响，生活的希望。

吃喝解馋——有这么一说：庙会就是"吃会"。无论穷富，到庙会去吃点喝点解解馋，是必不可少的。明清乃至民国，岱庙是庙会最集中的地方。南门东西街的摊点，大都是吃喝的馆子。进得庙来，小吃最多，仰高门东边的第一个小铺就是出名的小吃店。这是河北人开的店铺，其五香花生米的做法、吃法都有特点。至于饭食，蒸包、油煎包、油炸糕、豆腐脑、绿豆丸子、江米粽子、凉粉、米粉等，都是诱人的美味。

逆境下所获得的身体上的满足感，往往会成为一个家族长久不衰的话题。

看戏听书——庙会的热闹，除必需的信仰祭祀活动外，吸引人的还有诸多娱乐。隆重的算是唱大戏。演的剧种有莱芜梆子、山东梆子、拉魂腔等，也唱京剧。更有不受场地限制可单人演出的曲艺，如大鼓、快书、落子等，也深受欢迎。还有挑皮影、拉洋片、玩大箱等，在岱庙的庙市也都有一席之地。

戏剧、曲艺之所以喜闻乐见，因为容易表达劳苦大众的心声。

竞技游艺——宋代的庙会，最热闹的是相扑打擂。大殿前大露台的相扑竞技赛，是早期庙会的重头

山脚下香火店（20世纪20年代初）

公盛梳篦老店（1942年）

"成衣局"的市面（20世纪20年代初）

出售估衣的小贩（1942年）

戏。名义上是为东岳大帝献祭，但开心的是信众。精彩的打擂场面，足足让泰山庙会光耀了上千年。到了明代，相扑活动仍然盛行。庙内"相扑台四五"，还有"斗鸡""蹴鞠"的比赛，也热闹登场。

娱神，终究还是为了娱人。

百样买卖——庙会的人多，"一百二十行经商买卖"也就少不了。民国十八年（1929）岱庙设立中山市场，庙内的神像及部分附属建筑遭拆除与改造。从见大门至仁安门西神门辟为西市场街，取名"至善街"。与其相对应的仰高门至仁安门东神门的东市场，取名"中正街"。庙会买卖五花八门，种类繁多，生活日用、小孩玩具，甚至生产工具，应有尽有，满足着不同香客的不同需求。

庙会是个大"超市"，满足着民众的现实需求，为来日的好生活做着铺垫。

泰山庙会从它的产生发展到鼎盛，在信仰的氛围中，娱乐、竞技、商贸一并而来。庙会的一切，都是为劳苦大众量身订做的。庙会的主角是广大的平民百姓，他们在信仰的神祇面前得到了一次平等的表现机会，并得到了视觉、听觉、味觉上的享受，无论是精神还是肉体都得到了一次放松与解脱，对美好生活的畅想被再次唤起。

[故事链接]

东岳庙大似鲁灵光殿，棂星门至端礼门，阔数百亩，货郎掮客，错杂其间，交易者多女人稚子。其余空地，斗鸡蹴鞠，走解说书。相扑台四五，戏台四五。数千人如蜂如蚁，各占一方，锣鼓讴唱，相隔甚远，各不相溷也。

——［明］张岱《岱志》

在一些空地上聚集了来自全国各地的成千上万的人。这里有点心摊位、售卖各种玩具的台架子、临时剧院、皮影戏和转转椅；街头到处都是吹拉弹唱的、玩杂耍的和变戏法的艺人。人们似乎很享受这一切。

——［英］马安《山东游记》

当今东岳庙会的门面（2019年）

东岳庙会启会仪式(2017年)

东岳庙会启会仪式表演(2016年)

庙会一角(2016年)

闻歌始觉有人来

六

艺术与精神

心灵的共鸣

艺术是精神的体现，同时有着多重的社会功能。在泰山，无论是建筑、石刻以及其他，总会与一个民族的精神意志相融通、显光彩。在这些作品身上，无不具备着一个时代显明的历史特色，与泰山的使命担当相辅相成。

走过岁月,处处风光,无一不是视觉的勋章。在诸多艺术门类中,视觉艺术总会以色彩的斑斓及物象形体的冲击而出类拔萃,它所仰仗的是与外在世界的感知(视觉、听觉、嗅觉、味觉、触觉)中,最具流光溢彩的空间优势。泰山作为一处庙堂与江湖共同揖拜的心灵归宿之地,繁花似锦的艺术创造不会缺席。沧海桑田,历久弥新,泰山建筑、石刻、绘画等,情感与形式交织,精神与心灵共鸣,同样彰显出一个时代的文化张力、艺术高峰。

凝固历史——建筑华章

泰山人文空间的构建,在自然空间的结体中运作。通天街、配天门、天贶殿、一天门、天阶、壶天阁、通天桥、中天门、南天门等建筑,无不围绕一个"天"字着力用功,由此形成了天然的贯通南北的历史大轴线。毋庸置疑,人文的作为又进一步强化了人们对泰山拔地通天、至高无上的感受。登泰山,也就是"登天",自唐宋以来,帝王们就是借助这一通天之路,拾级而上,直达"三天",以完成人间与上天的对话。

心灵圣殿

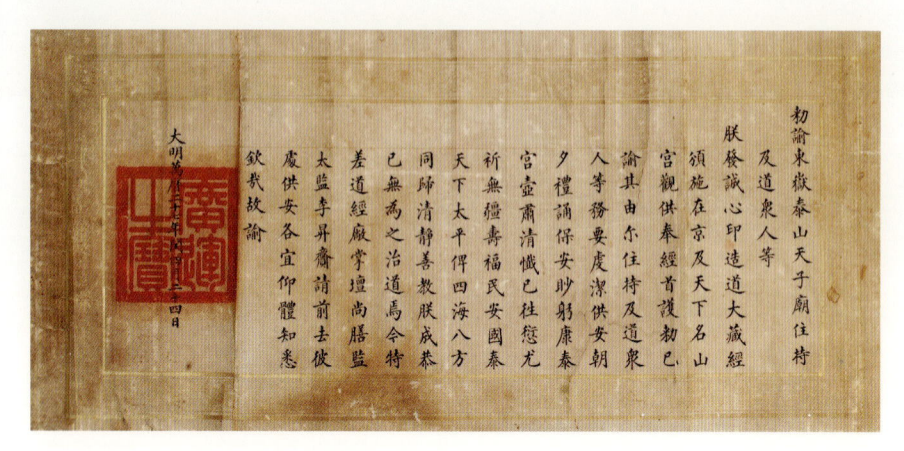

明万历颁布"天子庙"（岱庙）圣旨

天子之庙——岱庙

明万历二十七年（1599），万历皇帝的一道圣旨直接把岱庙呼为"天子庙"，伴随而来的是一套御赐的《道藏》。敕谕"天子庙住持及道众人等"，要好生"礼诵"。岱庙本来就是朝廷专用于祭祀泰山的庙宇，只是还没有哪一位皇帝能这样称呼过。

人们是按自己的喜好来塑造、供奉神灵的，以为人最喜欢什么，神也会同样喜欢。人有居住的场所，那神也一定会有，视神如人，人神同构，于是也就有了不成文的对应法则。两千多年前，萧何的一句"非壮丽无以重威"，在成就皇宫气派的同时，也赋予了神宫应有的"壮丽"。

20世纪90年代，岱庙"千秋万岁""长乐未央"铭文瓦当的出土，表明汉代供奉泰山神的泰山庙就已经有了宫殿样式的建筑。当泰山神有了"东岳大帝"的名号，人们更是不遗余力地营造他的神宫，以匹配他"圣帝"的地位。

岱庙严格按照轴线布局的原则，将正阳门——配天门——仁安门——天贶殿——后寝宫——后载门等重要建筑，依次排列在南北中轴线上，其他辅助性建筑汉柏院（炳灵殿）——唐槐院（延禧殿）、东御座——雨花道院、东花园——西花园则对称于轴线的东西两侧。神宫四周，环一城墙，四面辟八门，四角各有楼，壁垒森严，雄伟壮丽。整体建筑布局主次分明，等级有序，配置严谨，张弛有度。

天子庙，自有天子宫殿的风范。

岱庙鸟瞰全景

八门之首——正阳门

与天比并——配天门

六、艺术与精神：心灵的共鸣　　189

铜亭

岱庙主体建筑——天贶殿

六、艺术与精神：心灵的共鸣

正殿——天贶殿，是泰山神宫的主体建筑。"贶"，是赐予的意思，"天贶"则是上天的馈赠。不过，这座大殿原本不是这个名字，它在宋代叫"嘉宁"，明代谓"仁安"，清代名"峻极"，民国始称"天贶殿"。

中国的古代建筑有着严格的等级制度。天贶殿的建筑样式，是中国传统建筑中规格最高的。这里面有两个基本特征：一是重檐庑殿顶，二是"九五"之制。重檐庑殿顶、"九五"之制的形式，依照礼制只有皇宫的正殿才能使用，位尊稀有，弥足珍贵。

在民间有个说法：天贶殿和皇帝的金銮殿是一样的，只是高度相差了三砖。不过，岱庙的天贶殿如果与故宫的太和殿相比，无论是平面尺寸还是高度，还是有差距的。但在规格上却是一样的——至高无上。这好比军衔，级别的高低不在于佩带者个头的大小，而在于其星花的配置。

在这座规格最高的宫殿中，奉祀的就是泰山神——东岳大帝。泰山自唐代就有"王"的封号，到了宋真宗，又加号"天齐仁圣帝"，以"帝"相称，与皇帝平齐了，所以他的宫殿也就有了"帝"的规制。岱庙的"天子庙"之称，名副其实。不仅如此，东岳庙还凭借天子的推波助澜，从齐鲁大地走向了大江南北，声名显赫。

泰山神，是帝王化了的神；岱庙，则是皇宫威仪化了的庙。

[文献索引]

殷人重屋，堂修七寻，堂崇三尺，四阿，重屋。

——《周礼·匠人》

[名词集解]

"九五"之制　古代建筑开间布局的形式，即以面阔九间、进深五间为度，作平面布局。这是古代建筑中开间的极数。故宫的正殿奉天殿，在清康熙年间重修时易名太和殿，改为面阔十一间，进深仍为五间。《周易》中有"九五，飞龙在天"之说，后世常以"九五"尊帝位。

重檐庑殿顶　古代建筑中一种屋顶的样式。庑殿，是指殿顶采用的是五脊四坡（一条正脊、四条垂脊，四脊之间形成前、后、左、右四面的斜坡）。重檐，即在庑殿顶之下，再出短檐，形成两层出檐，《考古记》称之为"四阿重屋"。这是区分建筑规格高低尊微的重要标志。

六、艺术与精神：心灵的共鸣　193

天贶殿檐角

泰山牌坊之首——岱庙坊

四角楼之一——艮楼

六、艺术与精神：心灵的共鸣

天上宫阙——碧霞祠

公元1748年，清乾隆皇帝来到泰山，挥笔写下"震维灵岳"四个大字，这是为一座庙宇重修后题写的匾额。22年后（1770），他再题额"赞化东皇"，并撰写了楹联。这座如此"得幸"的庙宇，就是泰山顶上的碧霞祠。在此之前，已有康熙、雍正两位清代皇帝先后题写了"坤元叶应""福绥海宁"的大匾。从康熙、雍正，再到乾隆，祖孙三代，清政府最有作为的三位皇帝，都为泰山碧霞祠增了光、添了彩，使之风光无限。

泰山庙宇的辉煌，大多受益于朝廷，山顶上的碧霞祠更是无出其右者，始终与最高统治者结缘深远。庙宇以"碧霞祠"为名，是清乾隆三十五年（1770）重修后的事，初称玉女祠，是因宋代的真宗皇帝封禅时发现有玉女像而建，这是碧霞祠的前身。后称昭真祠，明代重修，更名灵应、灵佑宫，以后历代重修，用的都是朝廷的银子。明万历十三年（1585），遵奉御命"更新往制"，就连修庙记事的铜碑、玉碑，也都是从京师发运而来。自宋代至清代，碧霞祠无不受"皇恩浩荡"之幸。

其实，最早崇奉碧霞元君的不是朝廷，而是当地的百姓。碧霞祠所供奉的女神，最初也不叫碧霞元君。"元君"是道士们给的一个"道

琼楼玉宇——碧霞祠

"钩心斗角"

号",民间对她以长辈相称,叫她泰山奶奶、泰山老母。从信仰特征上说,碧霞元君与当初宋真宗建祠供奉的玉女关系不大,影响的光大在明代之初,而兴盛起来则在明嘉靖、万历之时。凡来泰山朝山的进香者,必以元君为先而后及他庙。

她从民间走来,在道教的助推下走进宫廷。

碧霞祠的重要建筑:照壁——火池——戏楼——山门——香亭——大殿,依次由南向北、由低到高排列,辅助建筑东西神门、钟鼓楼、玉碑亭、东西配殿,左右对称分列。整个古建群南北递进,高低错落,布局严谨。明代之时,于山门前还有牌坊三座:东曰"安民坊",西曰"济世坊",中为"敕建碧霞坊"。"安民""济世",明示了碧霞元君的功勋与业绩。

碧霞祠以金属构件著称。碧霞祠的正殿、配殿均以金属瓦件覆顶。正殿五楹,正脊、鸱吻、脊兽、檐铃等,范铜为之,大殿内的碧霞元君,也以金铜为像。东西配殿各三楹,殿顶诸项以铁为之,殿内眼光奶奶、送子娘娘,均范铁为之。院内还有铜铸的御碑、千斤鼎、万岁楼等。

碧霞祠,天上宫阙,金属的王国。碧霞元君,皇家的神尊,百姓的家亲。

碧霞祠香亭（1913年）

明代铜碑

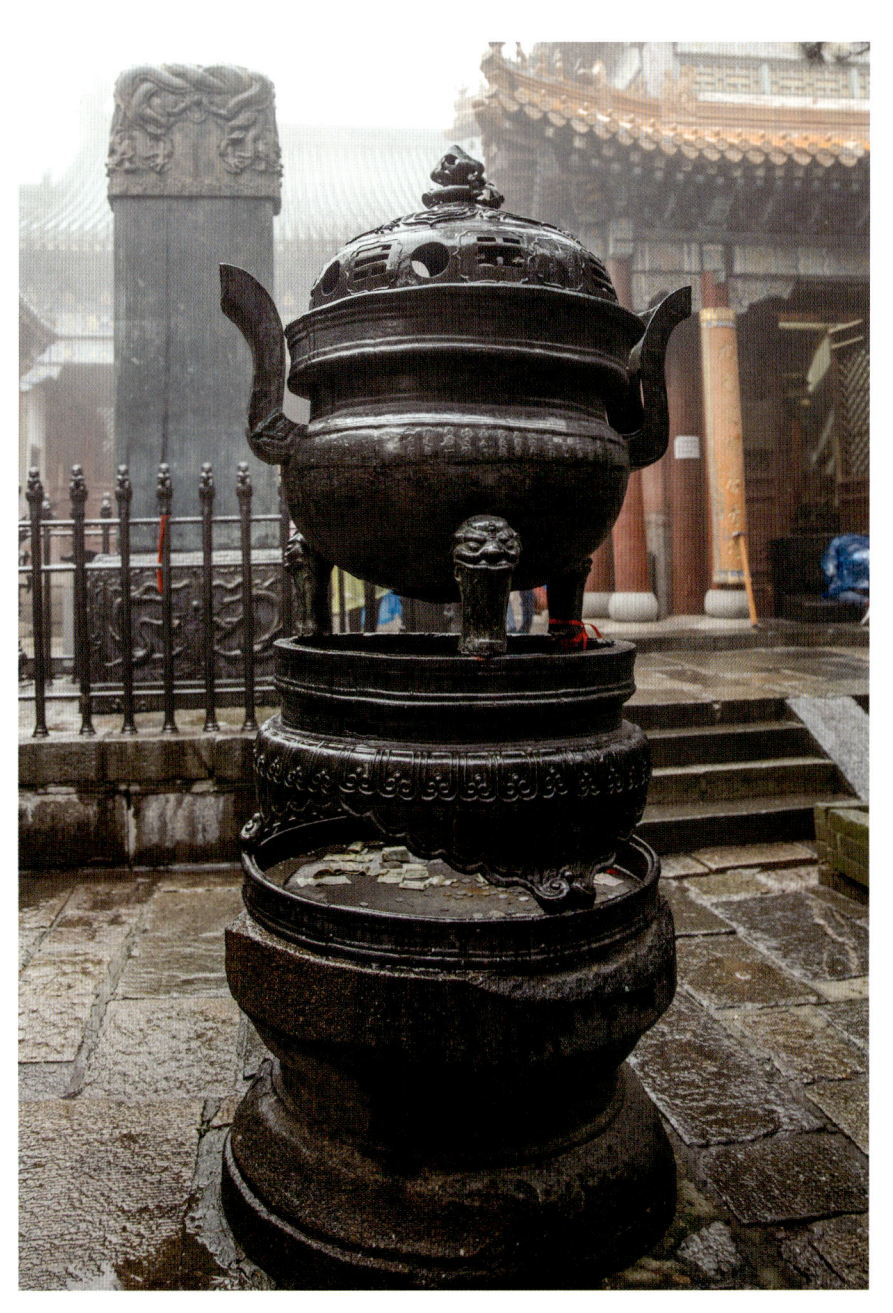

铜"万岁楼"

正殿铜正脊、鸱吻

正殿铜博脊（七仙之一铁拐李高浮雕）

正殿铜戗脊、仙人走兽

正殿铜瓦件、走兽

中国邮票上的碧霞祠

佛国奇葩——辟支塔

塔,始自佛教,而中国的佛塔有着自己特定的形式与风格。在泰山主峰玉皇顶西北向的山谷中,高高耸立着一座佛塔——辟支塔。它是灵岩寺的地标性建筑,也是泰山佛教昌盛的一个标志。

辟支塔动工于北宋淳化五年(994),竣工于嘉祐二年(1057),前后经历了63年之久。塔八角九级,为密檐式结构,由基座、塔身、塔刹三大部分组成,通高55.7米。辟支塔气势雄伟,造型凝练,层级结构严谨,具有典型的宋代风格。

辟支塔所在的灵岩寺,是泰山禅宗发展的核心寺院,并且是现存面积最大、保存最完整、延续历史最长的佛教寺院。

灵岩寺在唐宋时期发展到鼎盛。唐代德宗时期的宰相李吉甫,曾把灵岩寺与天台国清寺、江陵玉泉寺、南京栖霞寺,并称为"域内四绝",并居"四绝"之首。在宋代,灵岩禅寺发展成为"十方"丛林,由原来的甲乙住持衍变为十方住持,寺院开始选聘国内高僧大德前来主法。灵岩寺建筑现存规模,大致承继了宋代的建置,主要有山门、大雄宝殿、千佛殿、御书阁、辟支塔,以及墓塔林等建筑,尤以千佛殿中的40尊罗汉塑像最为著名。

灵岩寺外景

灵岩寺主体建筑——千佛殿

灵岩寺标志性建筑——辟支塔

灵岩寺千佛殿东侧众罗汉局部

六、艺术与精神：心灵的共鸣　　205

湖光山色辟支塔

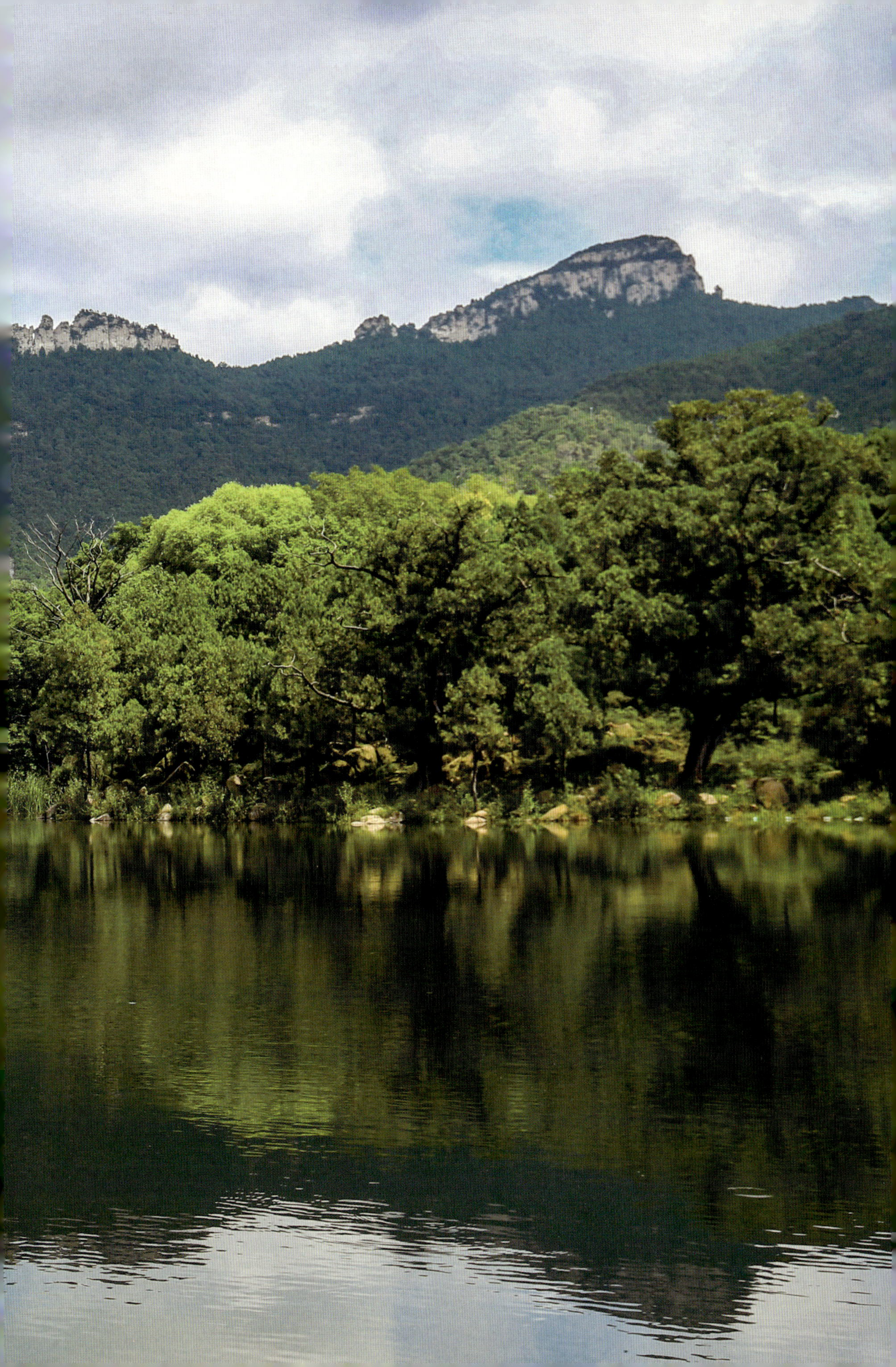

千佛殿因殿内供奉众多佛像而得名。大殿始建于唐贞观年间（627—649），宋嘉祐间（1056—1065）重修，后也屡有重修，但基本上保存了宋代的制式，出檐深远，巍峨雄丽，为后人所赞誉。

辟支塔，是中国佛教的荣耀。灵岩寺，是泰山融合外来文化兼收并蓄的典范。

"天关"之门——南天门

站在南天门，你不禁会联想到李白"天门一长啸，万里清风来"的著名诗句，共鸣之情油然而生，只不过当年诗人登临的时候，还没有这"门"的建置。到了元代，才出现了把持天关、俯视下界的南天门。

元中统五年（1264），著名文学家杜仁杰为南天门的落成提笔写下了《天门铭》，他说南天门的创建是一个奇迹，泰山道士张志纯是"破天荒者"。

南天门为台阁式建筑，城台正中开门洞，上有阁，中开一门，重檐歇山顶，上覆黄色琉璃瓦。于台中拱形门上题刻"南天门"，联曰："门辟九霄仰步三天胜迹；阶崇万级俯临千嶂奇观"。一门独启，朝天有路，虽为人作，宛如天开，风范、气势、视觉的、心理的，成功地演绎了自然与人文的有机融合，成为"天人合一"的经典范例。

泰山，总与历史节点交汇，出现耀眼的高光时刻。1981年7月1日，在庆祝中国共产党成立六十周年大会上的讲话中，泰山和南天门都被提及：

> 我们还要走一段相当长的艰难的路程。好比登泰山，已经到了"中天门"，前面还有一段要费很大气力的路——三个"十八盘"。要爬过这一段路，才能到达"南天门"。由"南

[故事链接]

是朝，上山骑行，往往道峻峭，下骑，步牵马，乍步乍骑，且相半，至中观留马。……仰望天关，如从谷底仰观抗峰。……到天关，自以已至也，问道中人，言尚十余里。……遂至天门之下。仰视天门，窔辽如从穴中视天。

——《后汉书·祭祀上·封禅》注引《封禅仪记》

[名词集解]

张志纯　元代著名的泰山道士，因其道行超群，得元世祖封号，并长年执掌泰山道事，对泰山全真教的发展做出了巨大贡献。当任之期，泰山宫观莫不增新旧制。南天门的创建是一个壮举，遂成为泰山最有影响力的标志性建筑。

"天关"——南天门

杜仁杰《天门铭》刻石

"天门"再往前，就可以比较顺利地向着最高峰"玉皇顶"挺进了，到了那里就好比我们实现了社会主义现代化建设的宏伟任务。只要上了"南天门"，就能够领略杜甫的著名诗句"会当凌绝顶，一览众山小"的意境了……毫无疑问，在伟大征途上，我们一定能够征服"十八盘"，登上"南天门"，到达"玉皇顶"，然后再向新的高峰前进……

一座大山，数个景致，同时出现在中国共产党的文献中，实属罕见。一个特定的时间，一个特定的时代背景，一种高亢而坚定的声音，让更多的人知道了泰山，知道了十八盘、南天门。

泰山南天门，成为一个方向的标志，是攀登高峰实现宏伟目标的新起点。

天门长啸

南天门旧影（1913年）

六、艺术与精神：心灵的共鸣

南天门

六、艺术与精神：心灵的共鸣

佛道同宫——红门宫

登山初始，石坊密集，过"一天门""孔子登临处""天阶"坊，就到了红门宫。

红门宫，有东、西两院分列于盘路两边，由飞云阁跨盘道将其相连。西院祀碧霞元君，东院祀弥勒佛。红门宫由佛僧拓建于明天启年间（1605—1627），此时元君信仰大兴，奉佛不足以维持生计，于是在西院供奉起了碧霞元君，佛道共享一方香火。横跨盘路的飞云阁，原祀观音大士，故名观音阁。清乾隆时改额曰"普门圆应"，从名称看仍为佛家属性。

世态炎凉，信仰失衡，是佛是道也就不再重要，香客的香火决定着庙宇的命运，左右着红门宫当家人的权衡。进入20世纪80年代，又有变异，大殿中的碧霞元君易席，又来了一位"九莲菩萨"，她是由城内天书观旧址天庆宫迁移而来。好景不长，变故又来了，元君再次归位，九莲菩萨去了南堂房，再后，又去东院陪伴弥勒了。

[文献索引]

（一天门坊、天阶坊）北为元君庙。元君有上、中、下三庙，此其中庙也。旁有且止亭，明天启六年僧兴旺拓建，知州于可久记。康熙间建红门坊于前，额曰"瞻岩初步"，为登岱者众路之会。北为观音阁，旧名"飞云"，今上额曰"普门圆应"。东为更衣亭，凡士夫登岱者，至是易便服以行，今改弥勒院。
——［清］聂鈫《泰山道里记》

红门宫坊（清康熙）

[文献索引]

泰山之西南麓有宋天书观，大中祥符年间建。后废为碧霞元君之宫，前一殿奉元君。万历中，尊孝定皇太后为九莲菩萨，构一殿于元君之后奉之。崇祯中，尊孝纯皇太后为智上菩萨，复构一殿于后奉之。乃更名曰"圣慈天庆宫"。

——[清]顾炎武《亭林文集》卷五《圣慈天庆宫记》

"孔子登临处"坊（明嘉靖）

世俗化进一步加剧，人的主观性加大，这是一个信仰急剧裂变的时代，宗教属性又算得了什么？到头来，神祇能否改变人的命运尚不确定，但是人却可以左右它的去来。

与红门宫相类似的还有斗母宫。斗母宫原是供奉斗姆元君的道观，名曰龙泉观。明嘉靖二十一年（1542）重修后，在其后院供奉起了观音、文殊和普贤三菩萨。异曲同工的是：斗姆圣像在20世纪60年代被毁，原在天书观旧址天庆宫奉祀的智上菩萨，于80年代初搬入了斗母殿。

人有人的不幸，神有神的苦衷。人性、神性，都不能脱俗。

一天门旧影（1913年）

红门宫的道士、僧人一同合影

六、艺术与精神：心灵的共鸣 219

红门宫前的天阶坊（明嘉靖）

斗母宫

铭镌文明——石刻丰功

以石记言，可追三代。如依《庄子》的说法，易姓而王封禅泰山者有七十二代，勒石数以千计，历史之早、数量之多难以想象。现今能见到最早的刻石，是秦始皇封禅泰山的纪功刻石，也足以见证泰山"石能言"的丰功伟绩。一般来说，人们将刻在石头上的字、画，乃至石雕，用"石刻"名之。有文字者因形式的不同，又有摩崖、碑刻的叫法。泰山上下现存古代石刻1500余处，除其记史功能之外，从造型艺术、书法艺术而言，也洋洋大观，堪称一座天然的石刻博物馆。

毋庸置疑，泰山，是中国石刻第一山。

[文献索引]

《庄子》曰："易姓而王，封于泰山，禅于梁父者，七十有二代。其有形兆垠堮勒石，凡千八百余处。"
——《后汉书·祭祀上·封禅》注

明神司过岂令冤，暗室由来有祸门。
莫为无人欺一物，他时须虑石能言。
——[唐]李商隐《明神》

"舜至孔登"刻石

"中华泰山"刻石

六、艺术与精神：心灵的共鸣   221

"瞻鲁台"刻石

"卓越千古"——泰山秦刻石

改朝换代后，要到一座大山将准备好的文字刻在石上，向天地报告自己的功德，这在世界上别无他处。在中国，秦始皇是第一个，并成为泰山封禅的第一标志，由此开创泰山封禅刻石的新纪元。秦始皇的刻石有144个字。二世胡亥登基，于此石再刻78字，共计有222个字（因秦以水德为度，均为6的倍数）。

[文献索引]

其石埋植土中，高不过四五尺，形制似方而非方，四面广狭皆不等，因其自然，不加磨砻。……盖四面周围悉有刻字，总二十二行，行十二字，字从西南起，以北、东、南为次。西面六行，北面三行，东面六行，南面七行。其末有"制曰可"三字，复转在西南棱上。

——[宋]刘跂《学易集·泰山秦篆谱序》

薄莫至绝顶，由东以望，见山影黯黑，偃卧无际。顷观李斯碑，仅得数字，其余漫不可识。

——[元]杜仁杰《张宣慰登泰山记》

余居祠右公署，署后树李斯断碣，循而读之，通四行，首二字已刓毁，仅得"臣斯"以下二十九字耳。

——[明]谢肇淛《登岱记》

宋人刘跂亲为摩拓，得字二百二十有二。近年摹本仅存"臣斯"以下二十九字。

——[清]聂鈫《泰山道里记》

29字泰山秦刻石（清道光摹刻）

六、艺术与精神：心灵的共鸣　223

秦泰山刻石"昧死""臣请""矣臣"六字

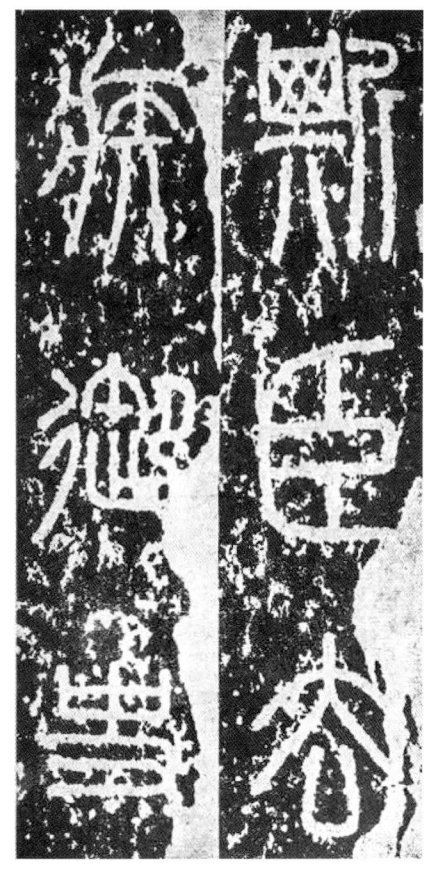

秦泰山刻石"斯臣去疾"四字　　北宋《安国拓本》秦泰山刻石"斯臣去疾史"六字

中国邮票上的秦泰山刻石

岁月无情，字数递减。北宋末年尚能完整，明代存有29字，清代则只剩下10个残字了。

秦始皇及二世刻辞均小篆，都由李斯书写。车同轨、书同文是有秦一代重要的治国之策，后世又成为一个国家统一的象征。小篆，即是秦代的标准字体，这也是中国历史上第一次用行政手段大规模进行文字改革的结果，是汉字发展史上的一个里程碑。小篆一直流行至西汉末，才逐渐被隶书所取代，故有"秦篆汉隶"之说。秦纪功刻石，也就成为秦代标准文字的见证，并由负责这项改革的丞相李斯书写，堪为稀有。

秦刻石原石，属不曾雕琢的自然石，原在秦封台下（大致在明立"去封号碑"处）。元代有"仅得数字"之记载，可知刻石已严重残损。清代残石仅存10字，现置于岱庙东御座。

所存10残字，均为秦二世增刻。依诏书可作如下比对："丞相臣斯、臣去疾、御史大夫臣德昧死言：臣请具刻诏书刻石，因明白矣。臣昧死请。"

一石多磨难，独领风骚两千年。泰山10字小篆，见证中国汉字改革大里程。

六、艺术与精神：心灵的共鸣   225

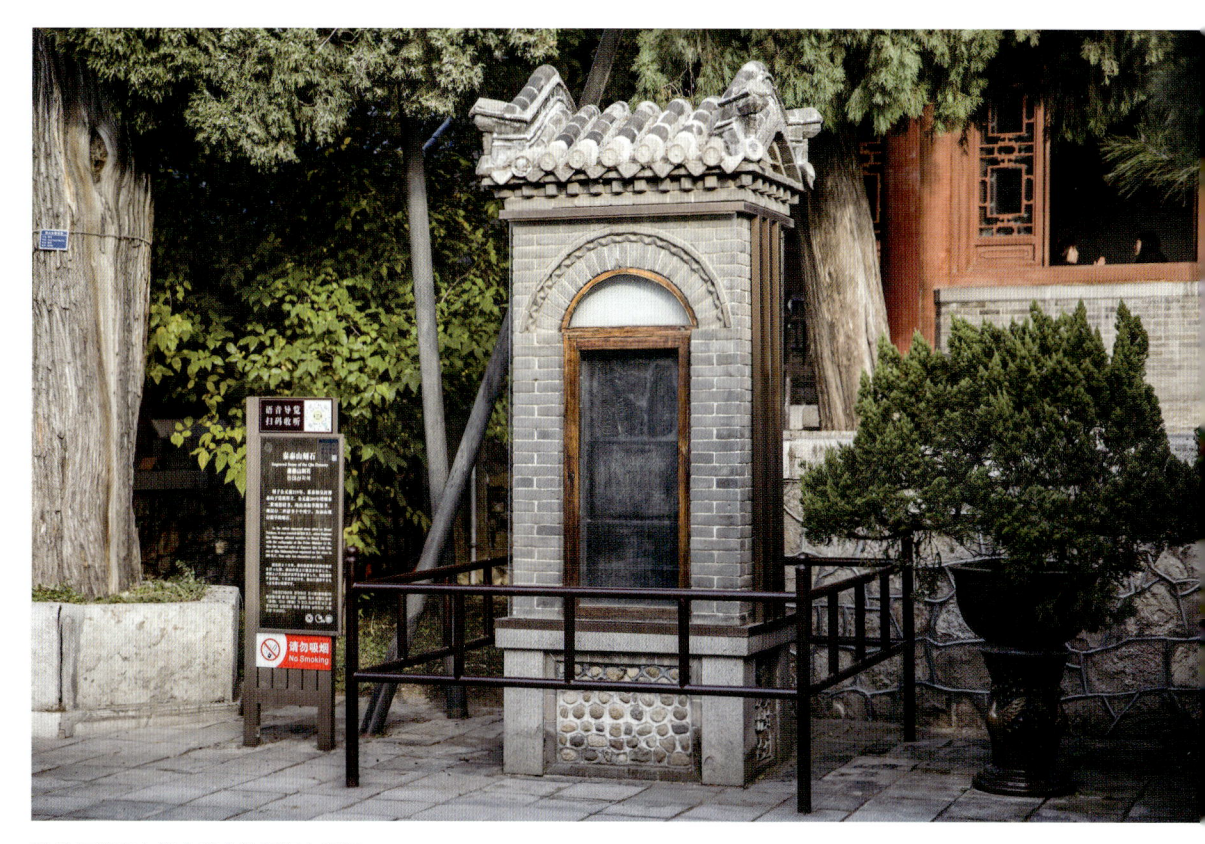

现置于岱庙东御座院内的秦泰山刻石

"榜书之宗"——经石峪

经石峪，以经为名，名贯千秋。但总有一个心结不能打开，为何经文只刻一半就没有了下文？

经石峪经文《金刚经》，原文上、下卷各16篇，但只刻了上卷。经文刻于北齐，由于这一时间段处于政局动荡的年代，故有人以为是战乱所致，造成工程"烂尾"。不过一个很明了的事实是，即便没有时政的变故，也不可能刻全，因为所在的石坪已经没有续刻的空间了。由此表明，当时刻经之初就没有全篇刻制的打算，如要完成全篇，考虑整体布局，字刻小一点即可。

其实，刻经者要表达的是一种宏大的"气场"，"大字如斗""纵横数十亩"，唯经是瞻。经石峪的刻经，不在于是否完整，它是一种文化的宣言，"气贯长虹"是其追求的主旨。

审视刻经，挥洒自如，自然天成。虽有界格却不拘"一格"，或大或小，或长或扁，随石形而走笔，遇断岩而不避。石坪没有了，经文也就随机而止。一如前人所言"随石所之，经尽而止"，好不洒脱。

[文献索引]

经石峪，宋时称石经谷。石经者，镌隶体《金刚经》于石坡，字大如斗，随石所之，经尽而止。石仰负天，顶踵于泉，泉枕履之，便其腹以受经。

——《岱览·岱阳上》

入口处的经石峪坊

六、艺术与精神：心灵的共鸣　　227

经石峪《金刚经》摩崖石刻

刻经地处龙泉峰下，长年有水，四季不竭，流水漫过石坪而入东溪。"石仰负天，顶踵于泉"，就是这一自然特征的准确表述。《金刚经》的经文就刻在石坪的"腹部"，即所谓"泉枕履之，便其腹以受经"。所形成的情境是：小瀑若帘，流水潺潺，漫经文而下，有声有形，沁人心腑。

临近刻经，"梵呗清音"刻石，会让人恍然大悟：经文之上，有溪水流过，发出了清泠之声，这是梵呗之音。犹如人们铸造金属钟时，将经文铸刻在钟体上，钟声一响就等于听了一遍经文。所以，当你在经石峪听到了流水声，也就相当于咏颂着《金刚经》。"谁题梵字深溪里，故使溪声作梵音"。不能不说，这是一个巧妙而宏大的艺术构思。

遗憾的是，这种意境被后来的善意所损毁。1965年，为了防止溪水携带的沙石对经石的冲刷，在大石坪的上方筑起了拦水坝。水没有了，少了沙石对经文的伤害，但原有的意境也随之消失了。

经石峪刻经，自北齐至今已1400余年，历史久远。刻经石坪2000多平方米，规制宏大，成为中国现存规模最大的佛经摩崖石刻。"字大如斗"，被世人称之为"大字鼻祖""榜书之宗"。

文化如此成就，精神由此焕发。抗争、包容、丰富、发展，永远是泰山的"进行时"。

经石峪"梵呗清音"刻石

经石峪刻经（局部）

经石峪拓字"佛"

经石峪拓字"人"

"天下大观"——唐摩崖

唐开元十三年（725），唐玄宗东封泰山，于第二年秋，他的纪功刻石——《纪泰山铭》刻制完成。《纪泰山铭》削崖为碑，皇皇巨制，文字、书写，均由皇帝李隆基亲自为之。此刻石被后人称之为"天下大观"，此山峰随之称为"大观峰"。

封禅就是封以祭天，禅以祭地，自秦始皇有了刻石纪功的做法，历代封禅者向天地报功无不效之。《纪泰山铭》的内容，自然也少不了对大唐丰功伟绩的赞颂，但与以前的封禅文相比较，唐玄宗强调了"为苍生祈福"。唐玄宗约己自省、励精图治、雄才大略，有开元盛世之功，只是晚节不保，怠慢朝政，导致安史之乱发生。因此毛泽东同志曾风趣地说："唐明皇不会做皇帝，前半辈会做，后半辈不会做。"

在论及封禅中告知天地的玉册文时，玄宗曾问属下也是大学问家的贺知章：之前封禅的帝王为何皆"秘之"，回曰：那是想神仙之事，故不能示人。玄宗遂将玉册公示于众，也算是襟怀坦荡，与封禅为神仙长生的私事划清了界线。

功德文洋洋千言，文辞雅驯，字斟句酌，行文铺陈，气势磅礴。如此向好，引来他人代笔的嫌疑。又因书法特有的遒劲洒脱，又被说有书家"润笔"。其实以唐玄宗的才学、"善八分书"的功底，其文其书对他而言都不是难事，着实没有必要由他人操笔。

[文献索引]

玄宗因问："玉牒之文，前代帝王，何故秘之？"知章对曰："玉牒本是通于神明之意。前代帝王，所求各异，或祷年算，或思神仙，其事微密，是故莫知之。"玄宗曰："朕今此行，皆为苍生祈福，更无秘请。"
——《旧唐书·礼仪三》

（玄宗）性英断多艺，尤知音律，善八分书。
——《旧唐书·玄宗上》

开元应乾，神武聪明。风骨巨丽，碑版峥嵘。思如泉而吐凤，笔为海而吞鲸。
——窦臮《述书赋》

中国邮票上的《纪泰山铭》

宋真宗纪功刻石毁于后世题刻

在《纪泰山铭》的西侧，原有从封诸王群臣的题名，又有《东封朝觐坛颂》等，均被后来的题刻者所毁坏。现存多为明清时期的题壁，其中还有清康熙的"云峰"，及乾隆为其祖父康熙所题的恭颂诗。

在大观峰之东南的德星岩，还残存有宋真宗的封禅刻石，名曰《登泰山谢天书述二圣功德铭》。真宗也学着唐玄宗摩崖的样子，借崖壁造碑，气势也算恢宏，人们称之为宋摩崖。可惜此摩崖没有唐摩崖幸运，铭文大多被明清时期的题刻所损毁。为何后人不在玄宗的功德碑上作恶，而偏偏跟真宗过不去？这或许源于对二人政绩功过的不同认知。

唐玄宗、宋真宗、清康熙、乾隆的御制刻石都在这里聚首，各有各的风格，各有各的书韵，散发着不同时代的气息，挥洒着一个个朝代的辉煌。

《纪泰山铭》，中国帝王纪功刻石之冠。盛世盛典，泰山担当。

大观峰远景

六、艺术与精神：心灵的共鸣   233

《纪泰山铭》功德文

《纪泰山铭》文字局部

镇山之铭——"五岳独尊"

1999年6月30日，中华人民共和国发布了第268号国务院令：中国人民银行自1999年10月1日起，在全国陆续发行第五套人民币。其中5元纸币的背面有了泰山，在南天门、玉皇顶的映衬下，"五岳独尊"刻石赫然在目。

"五岳独尊"刻石，位于玉皇顶下，经大观峰登顶上行必经的盘道东侧。一巨石突起于众石之间，上刻"五岳独尊"四个楷书大字，其侧还有"昂头天外"题刻。登泰山的人，几乎都会在此留影纪念，有时会排起长长的队伍。"五岳独尊"刻石，是泰山影响最大的标志性景观之一。"五岳独尊"，可以看作是泰山的镇山之铭。

"五岳独尊"四字，取自北宋大儒石介的《泰山》诗。石介是泰山本地人，以"徂徕先生"著称。面对"斯文失宗主"的社会形势，他始终以恢复儒教"道统"为己任，创办泰山书院，直讲国子监，授《春秋》《易经》等儒家经典，在当时影响很大。《泰山》诗，正是站在尊儒的立场上对泰山的赞颂。"七百里鲁望，北瞻何岩岩"，是对《诗经·鲁颂》"泰山岩岩，鲁邦所詹"的摹写；"寰宇登来小"，又是对《孟子》说孔子"登泰山而小天下"的传承。既然泰山是"群物祖"，为万物之长，那么"五岳独尊严"也就无可非议。石介"五岳独

[文献索引]

七百里鲁望，北瞻何岩岩。
诸山知峻极，五岳独尊严。
寰宇登来小，龟蒙视觉丸。
此为群物祖，草木莫锄殳。

——[宋]石介《徂徕集·泰山诗》

五元人民币背面

"信道堂"（泰山书院，今岱庙东南隅）旧址，石介曾在此讲学

"五岳独尊"刻石

尊严"的提出，不同于以往的赞颂之言，他要借泰山自古即是本正源清的圣地，对儒家道统做出一个重新的认定。

"五岳独尊"是"五岳独尊严"的省文，犹如"孔子登临处坊"前的碑刻"登高必自"，是《中庸》"登高必自卑"的省文一样，简练上口，更容易为登山者所熟记。如果说"登高必自"省略的"卑"，由谐音的"碑"来代替；那么，"五岳独尊"省略的"严"，是用谐音的"岩"来置换，故此石又名"独尊岩"。

"五岳独尊严"，是对文化的一种尊崇与自信，也是泰山应有的责任担当。

建醮第一碑——《双束碑》

这是一通特殊的碑刻,样子也跟其他同类不一样:碑身双体。因其碑形之缘故,有了"双束碑"的名称,但内容却很专一,只为了一个"醮"字。它为道教之所属,是唐代朝廷修道建醮记事碑(后有宋代窜刻题记)。唐代东都、西都的各大皇家道观,都以来泰山行道为荣并建功立业,除为皇帝、皇后们延寿祈福外,各自的明争暗斗也显现于其中。

《双束碑》显庆六年行道文拓片

《双束碑》原在岱岳观（中庙）老君堂

一通碑，贯穿半个唐王朝

《双束碑》记事，起自唐显庆六年（661），高宗敕使道士郭行真来泰山行道，为皇帝、皇后建醮，并造元始天尊像。所记最晚的一次行道活动，是在唐大历八年（773），奉唐代宗之敕，为高宗、玄宗封禅纪号之事来东岳行道。其时间跨度达112年之久。如果算上建中元年（780）的一次祭岳活动（无道士参与），就有7朝皇帝（唐高宗、周武则天、唐中宗、睿宗、玄宗、代宗、德宗）遣员来泰山祭祀，这些活动都记录在了《双束碑》。

一通碑，涵盖唐王朝百年间的御用名宿及道观

前来泰山修斋建醮的道士规格高，影响大。首次来泰山建醮的郭行真大名鼎鼎，出入禁中，深得高宗欣赏。这次来泰山顺事有了"东岳先生"的名号。西都景龙观的叶法善，其大洞三景法师的法位，也因他东岳修斋受赐而来。金台观观主中岳先生马元贞，是大周革命的积极维护者，受重用而来泰山。在诸多道观中，尤以洛阳东都大弘道观出头露面最多，在泰山建醮投龙就达4次之多，其观主都受到过皇帝的亲宠。可以说，能来泰山者无不是当时道教赫赫有名的名宿大德，其参与活动的道观也都为皇家所重。

[文献索引]
东岳先生者，道士而主东岳也。未有赐号，但谓之先生。
——[清]王昶《金石萃编》

现陈列于岱庙历代碑刻陈列室中的《双束碑》

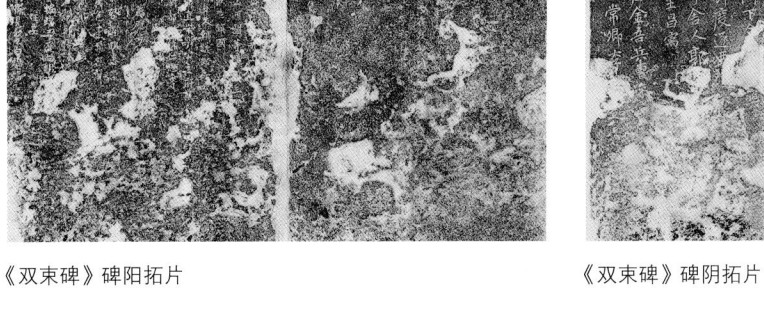

《双束碑》碑阳拓片　　　　　　　　　《双束碑》碑阴拓片

一通碑，一部唐代皇醮科仪的教科书

《双束碑》记事建醮活动有18次，主要是"金箓宝斋"，此斋于唐代何为？因资料所限，不得而知。宋代人曾说"经有三箓七品"，其"金箓宝斋"为三箓之首，为帝王所用，作用于消天灾，保国王。如此诠释《双束碑》之"金箓宝斋"，大致不误。但具体如何坛醮？道书多有不详。而《双束碑》则有明确的科仪做法。如长安元年的"金箓宝斋"，坛设五岳醮礼，并投龙荐璧、造像等，都可弥补史料之缺失。

一通碑，碑身分二体，形制称奇无双

《双束碑》，由两块高、宽相同的碑身组成，其下共用一个碑座，其上同用一个碑首。因此碑最早的一则题刻，是为皇帝唐高宗、皇后武则天的建醮记，故引来一段趣谈：此碑称《鸳鸯碑》，是武则天为登上政治舞台而设计，她要与高宗双双并立于天地之间。且不说有无道理，但《双束碑》独一无二的造型，也的确让人浮想联翩。

《双束碑》，当之无愧，中国道教修斋建醮第一碑。泰山用事，堪称典范。

国宝家珍——礼器臻美

泰山祭祀事项多、礼仪多，所遗存下来的祭器供器也多。历史上的泰山庙就设有专藏供奉物品的库储，名之曰"神宝库"。时至今日，泰安市博物馆馆藏文物，仍特设"泰山祭器"一项。在所藏的祭器中，有官方的也有民间的，丰富多彩。清乾隆皇帝在位期间10次来泰山，要么亲祭时带来，要么遣官颁赐，其所献祭器成为泰山祭器之大宗。这一类祭器属皇宫所藏，是一个时代文化风尚的集中反映，也代表了当时科技及工艺的最高水平，精美、亮丽、稀有、珍贵。

这是乾隆皇帝的良苦用心，也是一个国家意志的表达："护国福民""时世太平"。

[文献索引]

经有三箓七品。夫三箓者：一者即金箓斋，上消天灾，保镇国王，帝王用之；二者玉箓斋，救度人民，请福谢过。

——[南宋]谢显道等《海琼白真人语录》卷二

长安元年岁次辛丑十二月己亥朔廿三日辛酉……于此泰山岱岳观设坛，修金箓宝斋三日三夜。又于观侧灵场之所，设五岳一百廿盘醮礼，金龙玉璧并投山讫，又用镇彩纹缯。敬造东方玉宝皇上天尊一铺，并二真人仙童玉女等夹侍。

——《双束碑·长安三年建醮记》

[文献索引]

代天敷物育，福国锡时雍。九叩申虔谢，八旬实罕逢。

——乾隆《谒岱庙瞻礼》句

佐天生万物，护国福烝民。庆落卜良日，展诚恰仲春。

——乾隆《谒岱庙六韵》句

白釉矾红彩云龙纹瓷贲巴壶

珠联璧合——镇山三宝

不知为什么，人们将黄釉葫芦瓶、沉香狮子、温凉玉圭组合在一起，称作"泰山镇山三宝"。不过，这种组合的确符合泰山祭祀的特点。在传统的观念中，玉圭，是为一方作镇的礼器，顺应了泰山国之镇山的名实，安四方，定神州。狮子，本是外来物种，对它的接纳与利用，人们最早看重的是威猛，于是让它守候在大门口成为看家护院的好帮手。葫芦，我们可以从"悬壶济世"这一成语中得到启示，这个"壶"就指葫芦。泰山有"壶天"之说，"壶"可容纳天地。

作为祭器的葫芦瓶，全称叫黄釉青花葫芦瓶，表明了釉色及装饰主调，是为瓷器，因形为亚腰葫芦，又满足了瓶的特征。它出品于明代嘉靖年间（1522—1566）的官窑，能进献到皇宫不易，再由清代乾隆选入泰山祭器，表明身价不凡。它的器形优雅，色调沉稳，纹饰灵动，精臻无二。在中国，葫芦信仰起源久远、感染力强，用民俗学家的话说，它由"自然瓜果"演化为"人文瓜果"，其影响千年不衰。

[文献索引]

乾隆二十七年，御赐……沉香狮子一对，降香座。

乾隆三十六年，……御赐……大玉圭一件，长三尺五寸，宽八寸，名"温凉玉"，半暖半寒。

乾隆五十二年，御赐……蓝花黄地葫芦瓷瓶一对，有盖，连座

——[清]《泰山志》卷三《盛典纪·御赐金玉宝器》

黄釉青花葫芦瓶

说到狮子，首先触动感知的是它的威武凶猛，而这对沉香狮子，却是一副性情温和、憨态可掬的形象。从物种学的角度而言，狮子是舶来品，融入中国传统文化后，被视为祥瑞之兽。人们希望它以"百兽之王"的威猛驱魔辟邪，同时也有温顺的一面，以体现出人的制衡力。沉香狮子，由贵重的沉香木树根黏合后略加雕刻而成，特别是充分利用树根的自然形态，将毛发卷曲的质感表现得淋漓尽致。

沉香狮子

温凉玉圭，其材质为和田玉，由上下两截组成，有上凉下温的说法，故名"温凉玉圭"。玉圭，有了"温凉"二字，俗了，却让静态躺着的玉"活了"，多了个为什么，甚至有了触摸一下的冲动。玉圭的上截，于上部浮雕日、月、星，下部浮雕海水江崖图，分别代表河、海、岱。下截刻"乾隆年制"四字。玉圭造型质朴，图案雕刻精细，表达内涵丰富。再回到它的"温凉"上，据说因玉质的不同，冷热的传导有差异，故触摸时会有温度不同的感觉。其实感受到温、凉，多半是心理的因素在作怪，能用手摸出来，很难。

[轶事链接]

小道士走过来，向德夫人：“请到西院里用茶；还有块温凉玉，是这庙里的镇山之宝，请过去看看。”……一个半桌上放着，还有个锦幅子盖着，道士将锦幅揭开，原来是一块青玉，有三尺多长，六七寸宽，一寸多厚，上半截深青，下半截淡青。道士说：“您用手摸摸看，上半多冻扎手，下半截一点不凉，仿佛有点温温的似的，上古传下来是我们小庙里镇山之宝。”德夫人同环翠都摸了，诧异的很。老残笑道：“这个温凉玉，我也会做。”大家都怪问道：“怎么，这是做出来假的吗？”老残道：“假却不假，只是块带半璞的玉，上半截是玉，所以甚凉；下半截是璞，所以不凉。”德慧生连连点头说：“不错，不错。”

——［清］刘鹗《老残游记续集》第一回

温凉玉圭

礼器大成——华美五供

人们祭祀神灵，讲究一点的一般会有一个供案，供案之上有供器，以放置供品。"五供"，即是说案上的供器有五种。通常是一炉、二烛台、二花瓶（或花觚、花罐）五件单体组合而成一套，也称作"一堂"。这种固定模式不晚于明末，而流行于清乾隆、嘉庆之时。五供的制作以瓷质、金属质为主，施以不同的工艺手法。五供的使用范围较广，佛教、道教，以及家祠祭祀，都会用到。

珊瑚釉描金五供：由一香炉、二烛台、二花觚组成，清嘉庆年制。五供通体施珊瑚红釉，内施天蓝釉，主体纹饰为八宝纹、缠枝莲纹、蝙蝠纹，均以金线描绘。此套五供雍容华贵，富丽堂皇，尽显皇家气派。

银质錾胎珐琅五供：由一香炉、二烛台、二花瓶组成，清乾隆年制。五供器身以蓝色珐琅料为地錾纹。主题图案为八宝纹，附以杵纹、莲花纹、云纹、回形纹等，造型高雅，工艺精湛。

珊瑚釉描金五供

银质錾胎珐琅五供

六、艺术与精神：心灵的共鸣   247

铜质五岳真形图五供：由一香炉、二烛台、二花瓶组成，清乾隆年制。五供于器腹饰五岳真形图，具有浓郁的道教色彩。五岳真形图，本来是进山的地理路线图，有了这张图，入山就会顺利不费周折，时间长了，就有了护身符的说法。将此图用于供器，兼有了容易通神的功能。

岱庙大殿泰山神前的五岳真形图五供（1913年）

六、艺术与精神：心灵的共鸣

铜质五岳真形图五供

吉祥符号——"七珍""八宝"

"珍宝",在人们的认知中表达的是精美、稀有之物。将其分拆开,命名于供器,也就表明这种供器不同寻常。"七珍""八宝",专属于佛教,但在乾隆皇帝的眼里没有那么多的属性,只要感觉好就可以供奉给泰山。

铜胎鎏金七珍:由马宝、将军宝、象宝、轮宝、男宝、女宝、三宝珠七种宝像组合而成。铜胎鎏金八宝:是盖宝、鱼宝、罐宝、花宝、螺宝、肠宝、伞宝、轮宝八种宝像的组合。

"七珍"也可以称为"七宝",为易于分别"八宝"而称其"珍"。七珍八宝的各种宝像,依据佛经及结合中土传统观念代表着不同的含义,在不同的语言环境中虽有所差异,但"吉祥"是其永恒的主题,故"八宝"又有"八吉祥""宝吉祥"的叫法。在鎏金的七珍、八宝面前,即便不懂它各自的含意,也会肃然起敬,给人以庄重高雅之感。

铜胎掐丝珐琅天神八宝:天神八宝由底座、天神、八宝三部分构成,清乾隆年制。因基座之上由八位天神顶立宝像,故以"天神八宝"为名。天神形象生动,体态表情各具神韵。掐丝规整,线条流畅,工艺制作精细。由于八神怪异形象的出现,增加了不少的神秘色彩,威严与祥和并存,构成一个特殊的精神世界。

金釉五彩法轮:法轮是最为常见的佛教法器之一,在七珍、八宝中都有其相应的位置,而更多的是独立出现于佛堂的供案上。法轮要表达的是"法轮常转"。乾隆奉献给泰山的法轮多种多样,尤以乾隆年所制的金釉五彩法轮最为夺目,是精品中的精品。

国之瑰宝,寄语泰山,乾隆皇帝在用身边的奇珍异宝,去置换一个国泰民安的盛世,值得。

[名词集解]

铜胎掐丝珐琅 即"景泰蓝",是一种将铜与珐琅结合,经过多道工序烧制而成的工艺品。掐丝,是将金银或其他金属细丝,在铜制的胎体上掐出各种图案花纹,再将五彩珐琅点填在花纹内,经烧制、磨平镀金而成。因这一技艺在明代景泰年间成熟、盛行,且多以蓝色为主,故有景泰蓝之称。其工艺繁琐、复杂,代表着民族传统手工艺的巅峰。

六、艺术与精神：心灵的共鸣 251

铜胎鎏金七珍

铜胎鎏金八宝

铜胎掐丝珐琅天神八宝

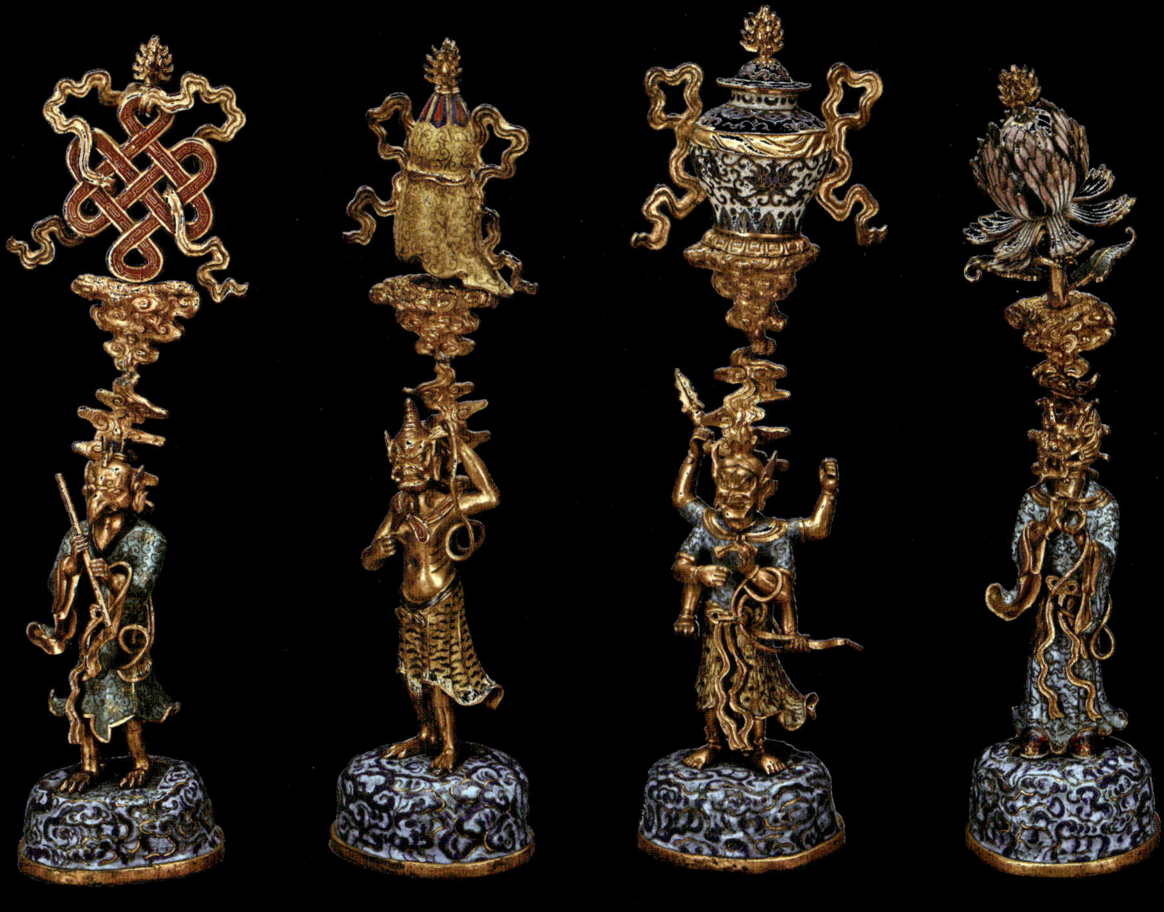

金釉五彩法轮

溢彩春秋——壁画光影

公元1008年，宋真宗封禅泰山礼毕后，在唐代"天齐王"的基础上，诏封泰山"仁圣天齐王"，三年后，又加号泰山"天齐仁圣帝"。由"王"升"帝"，便急着为他的宫殿添砖加瓦，以适应地位的升迁，最终"俨然帝居"，于是泰山有了中国建筑中最高规格的神殿。壁画也是规格的体现，在殿中绘制了高3米、总长62米的巨幅壁画。因无榜题，后人依据画中主人往返过程，取名《泰山神启跸回銮图》。据有关资料，宋代之时各地岳庙都绘制有这样岳神"出""回"形式的壁画，但斗转星移，人世沧桑，其他诸岳却未能留存下来。

泰山有幸，泰山文化有幸。

宫中的接驾者（回銮）

禁围图（启跸）

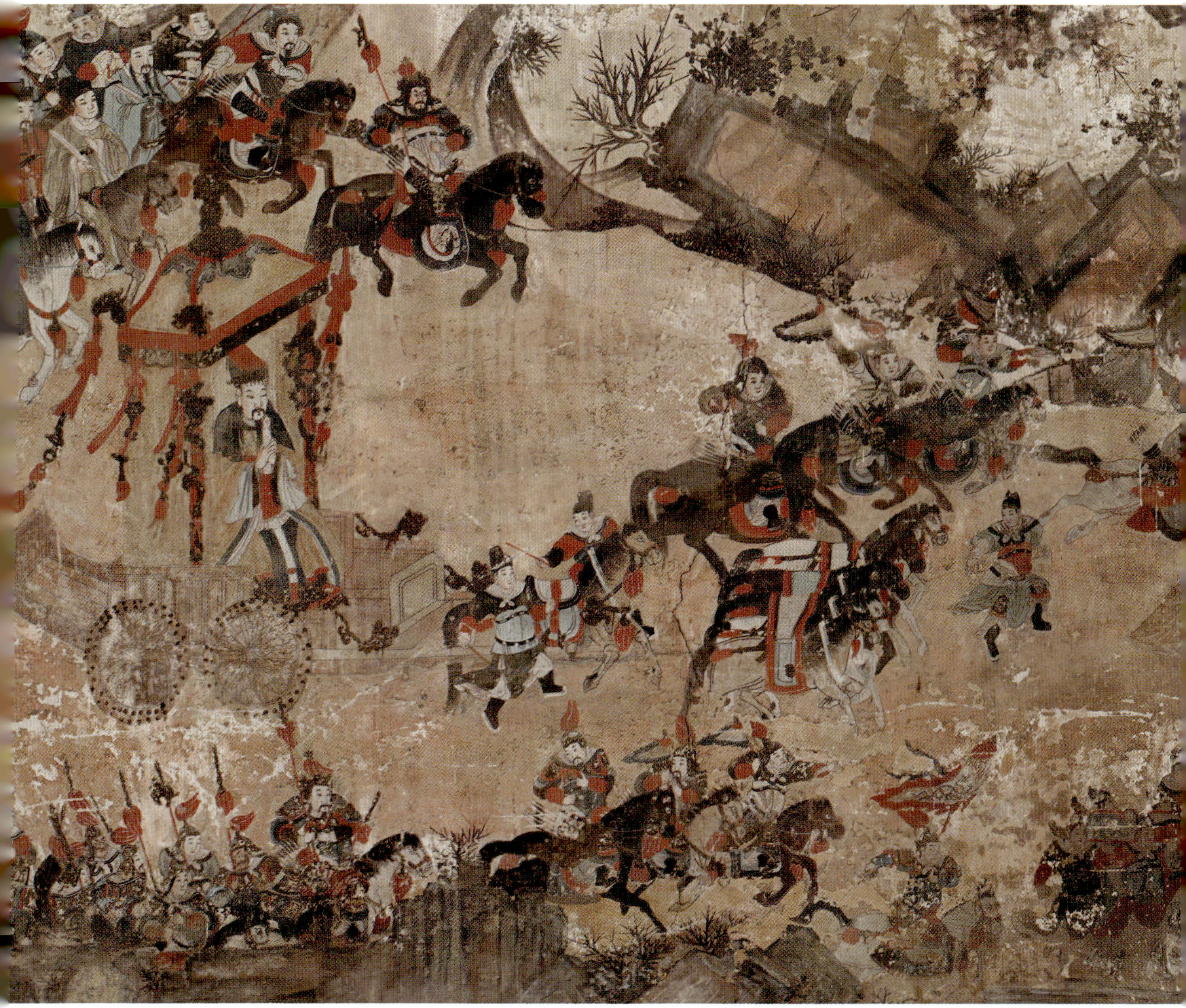

巡守的变相　礼乐的缩影

由壁画的表现形式可以看出，泰山神出行一如帝王的巡守。巡守作为天子巡察各诸侯国的一种制度，始于西周，一直延续到清代。巡，是天子的权力，"溥天之下，莫非王土"，标志着一统天下；守，是诸侯守土的职责，"率土之滨，莫非王臣"，要接受天子的检视。到了泰山神这里，天子威风展示得一览无余。

"禁围""玉辂"——天子之制

无论出宫还是回宫，一切都以泰山神为中心。"禁围"在于确保泰山神的威严、安全，引驾、导驾，即"御驾"的前驱，显现着整个巡行队伍的规模与阵势。这些做法在历史上称作"仪卫"，是皇帝行幸时的一种制度。

这是一个让人为之震撼的行进场面。旌旗历历，人头攒动，声势如千军万马。文官武将层层围绕，簇拥于泰山神的銮驾周围，形成一个规模宏大的禁围场面。泰山神身着黄袍，头戴冕旒，端坐于玉辂黄屋之中，一副帝王的模样。

泰山神乘坐的玉辂驾有六青马，这也是一种身份与规格的象征。东坡居士曾留下"曾谒东封玉辂尘，幅巾短褐亦逡巡"的诗句，以"玉辂"为表征，承载了往昔荣耀的记忆。玉辂前方，由乘坐亮轿的炳灵王、佑圣真君分列两侧佐驾，二人上方均有黄色伞盖，具有一人之下、万人之上的气势。

[文献索引]

自咸平中，车驾每出，金吾将军帅士二百人执梃周绕，谓之禁围。

——《宋史·礼七》

车驾行幸，前驱谓之队，则古之清道也。其次卫仗，卫仗者，视阑入宫门法，则古之外仗也。其中谓之禁围，如殿中仗。

——[宋]沈括《梦溪笔谈·故事一》

綦天下之贵，一人而已。是故环拱而居，备物而动，文谓之仪，武谓之卫。一以明制度，示等威；一以慎出入，远危疑也。

——《宋史·仪卫一》

皇帝乘玉辂，驾青马六。

——《宋史·仪卫四》

真宗封禅毕，加号泰山为仁圣天齐王，遣职方郎中沈维宗致告。又封威雄将军为炳灵公。

——《宋史·礼五》

佑圣真君者，真君姓芽讳盈。……与圣帝同签生死，共管阴府之事。宋太宗封"佑圣真君"，至真宗加封"九天司命上卿赐福佑圣真君"。

——《绘图三教源流搜神大全·东岳》

[名词集解]

玉辂　天子所乘之车，因以玉为饰，故称玉辂。车有"五辂"之说，另有金辂、象辂、革辂和木辂，以玉辂规格最高。

禁围　帝王出巡时的一种制度。禁，皇帝行在，宛如禁中；围，周以仪卫环绕，故谓之"禁围"。帝王幸行，有仪（文官）卫（武将）环绕，一在安全，二在威严。

六、艺术与精神：心灵的共鸣　　259

泰山神宫殿一角（启跸）

泰山神及所乘玉辂（启跸）

佐驾的炳灵王、佑圣真君（启跸）

"引驾""导驾"——行幸的秩序

在引驾的行列中，以白色大象为中心，麒麟、狮子、骆驼前后相继组成瑞兽图，象征着太平有象。瑞兽的出现可看作是一种符应，是吉祥的征兆，预示着此次出行必定成功。从大象的装束及跨象者的相貌举止看，应为史书中所载的"越人"。骑狮者、牵骆驼者的面目也呈域外之相貌，在表达着"万国来朝"、外番归服的意境。

出巡的队伍浩浩荡荡，旌旗在望，马蹄声碎。在导驾的仪卫中，有两个画面夺人眼目，一是骑吹仪仗，一是兵器仪仗，也都是帝王卤簿制度所不可或缺的。

与相关史料相对，壁画中出现的禁围、玉辂、六青马特征，以及前驱中引驾、导驾的基本形式，可与宋代的礼制接轨，是宋代皇帝行幸的常用模式，仪卫队列中的服饰、旗幡、仗器、乐器等也呈现出宋代特征。可以说，泰山神巡行是以历代帝王巡守为蓝本，而表现出的种种制度则是以宋代为原型。

壁画虽历经元、明、清三代，都曾补绘甚至重绘，但借助传统"粉本"技艺，壁画得以较好赓续，保留了宋代的基本面貌。

回銮图的内容情节与行进节奏与启跸图基本相同，只是一出一回，方向有所变化。在几个细节上有所补充：泰山神所乘玉辂黄屋的前柱上，启跸时是升龙，回銮时变为了降龙；在回銮的队伍中增加了鬼卒抬虎、骆驼满载的画面，这是告厥成功的标志。

与寺庙一般的经变壁画不同，天贶殿壁画是对帝王巡守形式的摹写，会将观画者带入一个特定的历史片断，因而便有了史实的属性。这也为研究宋代礼制提供了生动的形象资料。

画中有史，史在画中。艺术与现实共同演绎出一个时代的精彩。

[文献索引]

宋卤簿，以象居先，设木莲花坐，金蕉盘，紫罗绣幰络脑，当胸、后鞦并设铜铃杏叶，红牦牛尾拂，跋尘。每象，南越军一人跨其上，四人引，并花脚幞头、绯绣窄衣、银带。

——《宋史·仪卫六》

[名词集解]

符瑞（或称瑞应、符应）是吉祥的征兆，多指帝王受命的迹象。如依封禅的说法，一代帝王功德圆满，上天就会出现某种物征，即谓符瑞。

鼓吹 一种乐队仪仗。源自古代军中的一种器乐合奏形式，主要是吹器与打击器（鼓），故以"鼓吹"为名。又有马上演奏，称之以"骑吹"。

粉本 古代绘画的一种方式方法，是构图造型的样本。其基本的制作方法是：用针按画稿墨线（轮廓线）密刺小孔，把白垩粉或高岭土粉之类扑打到需绘画的介面上，然后依孔点落墨作画。依粉痕落墨，故称"粉本"或"底本"。就壁画而言，主人会将粉本保存，以待修补所需。此种技法可最大程度地保留画作原貌。

瑞兽图中的白象

跨象者形象图（启跸） 　　　　　　　　驾象者形象图（启跸）

驭狮者形象图（启跸） 　　　　　　　　牵驼者形象图（启跸）

启跸中的器仗图（局部）

启跸中的骑吹图

引驾幡（启跸）

鬼卒抬虎图（回鋻）

骆驼满载图（回鋻）

回銮中的鼓吹及金吾列仗

六、艺术与精神：心灵的共鸣　　267

人鬼相杂　人间地府同逍遥

泰山神是泰山的化身，在壁画中他是王者，因"天齐仁圣帝"之号，也就有了皇帝的待遇。殿庭立仗，行乘玉辂，头顶旒冕，仪卫御仗，十分的帝王相。泰山神是人间的神，也是神界的王者。

难得一见的"鬼"

"见鬼了"，是人们遇到不好情景时常脱口而出的口头禅。但在古人那里，鬼、神不分好坏，同是可祭祀的对象。泰山神本来就是众鬼的统领者，故而鬼的形象会不时地出现在壁画中。

走进壁画，有许多异于常人的形象出现，一部分属于外番异人，一部分则属于"鬼"。在导驾画面中，那扛旗敲锣的马前卒便是最典型的形象。他圆睛白面，颧骨突显，骨瘦如柴，以粉涂身，上身赤露仅披肩巾，腰围包肚，与宋人所描述的鬼相不差上下。

在回銮途中，尾随禁围之后的小分队，既有鬼卒也有鬼官，与在朝的官员喜怒无常，互有照应。另有两鬼卒抬一只被捆绑的老虎，这是征服者凯旋的象征。

[文献索引]

东岱岳泰山，乃天帝之孙，群灵之府也……岱岳者，主于世界人民官职及定生死之期，兼注贵贱之分长短之事也。
——《五岳真形之图·图说》

东岳泰山君，领群神五千九百人，主治死生，百鬼之主帅也。
——《洞玄灵宝五岳古本真形图并序》

继有二三瘦瘠、以粉涂身。金睛白面如髑髅状，系锦绣围肚看带，手执软仗，各作魁谐。趋跄举止若排戏，谓之"哑杂剧"。
——[宋]孟元老《东京梦华录·驾登宝津楼诸军呈百戏》

导驾图中打前锋的鬼卒（启跸）

尾随禁围的人鬼相杂小分队（回銮）

蒿里老人与世间官员为伍

应了那句俗话，"不是冤家不聚头"，这是避免不了的相遇。人世间与阴曹地府的交叉，主要表现在《启跸图》的迎驾与《回銮图》的送驾中，这是泰山神巡行的目的地。如与古之巡守相对应，这里便是诸侯国。

启跸中迎驾的画面分为两层。上层有文武官员，赫赫有名的冥吏蒿里老人也混迹于接驾的队伍中。他是一位白眉白须的长者，满脸的皱褶，头戴风帽，身着蓝色长袍，双手抄于袖中，一副谦和的样子。在其身后还有白衣侍从，双手捧着《功过录》。

下层暗示地下，身着宽袖绿色大袍的阎罗在这里候驾。他形体肥硕，神情诡异，是这里的主宰。在回銮的送驾图中，阎罗从地下走到地上，站在恭送队伍的最前面，充当着总代表的角色。蒿里老人也再次露面，形态如前，与众官员一起目送泰山神回銮。

泰山为神，有着主生、主死的双重职守，因此在壁画中出现了诸多形象怪异的"百鬼"之类。人鬼相杂、阴阳并存的内容与布局，成为壁画的又一个显著特色。

帝王之举，神鬼之幸，都是对泰山主生死权能的忠实践行。

[名词集解]

蒿里老人 是地府中一名基层冥吏。"蒿里"是地名，即泰山脚下的蒿里山，汉武帝封禅就曾禅蒿里。蒿里为土地之属，与阴间关联，东汉时期流行人死归蒿里的说法，被指"死人里"。蒿里老人，又称"蒿里丈人""蒿里老翁""蒿里父老"，以"老"为形象、以亲和为特征。

接驾图中的蒿里老人（启跸）

地方迎驾的场景（启跸）

以阎罗为代表恭送泰山神回宫的场景（回銮）

接驾图中地府的阎罗王（启跸）

显山露水　人及寸余

与时代的审美趣味有关，一改往昔的艺术趋向，壁画写真走向现实。一是故事情节开始脱离虚拟、神秘，以现实生活中发生的事件为原型，号角鼓吹、仪仗列队，都可编织入画，宗教的神秘性为世俗的现实性让路。二是高大绝尘的人物消失，易之而来的是平实、原真的形象，即便是泰山神也并不"高大"，尊贵、威严落实在了各个方面的规格上。人物形象，不再"顶天立地"，充满画幅上下。在高山原野面前，"人及寸余"，充分反映出宋代壁画的基本特点。

山水楼阁大面积占据画面，并相对完整，或可独立成章，这为以前壁画所未有。高山流水、古藤老树、亭楼桥涵，自然环境所发生的点滴都可成为表现的对象。岱庙内现仍存活的"连理"汉柏也被搬到了壁画中，高居枝头嬉闹的喜鹊也有了露脸的机会。

让我们再回到启跸图中文官们躬立于汉白玉桥上，送别泰山神的场面。宫殿巍峨、大山高耸的背景下，18位学士显得格外渺小，在高度上人物仅占画面的五分之一。一条瀑布从山涧中顺势而下，穿过桥涵，泛

[文献索引]

皇祐初元，上敕待诏高克明等图画三朝盛德之事，人物才及寸余，宫殿、山川、銮舆、仪卫咸备焉。

——[北宋]郭若虚《图画见闻志·训鉴图》

启跸图中的"汉柏连理"柏

回銮图中的喜鹊闹枝

枝头间的喜鹊

启跸图中十八学士背景图

[文献索引]

魏晋已降,名迹在人间者,皆见之矣。其画山水,则群峰之势,若钿饰犀栉。或水不容泛,或人大于山。率皆附以树石,映带其地。列植之状,则若伸臂布指。详古人之意,专在显其所长,而不守于俗变也。

——[唐]张彦远《历代名画记·论画山水树石》

起层层浪花。在回銮的途中,同样形式的汉白玉桥再次出现,桥上的人物换作了仪仗队,以群山作为背景,流水尚在,桥下水流湍急。对现实的捕捉真实而深刻,神与人虽界限分明,却如命运之线,紧密相连。

顺着严鼓声声、号角齐鸣的音乐,画面定格在回銮的骑吹图上。后有龙旗挺立,前有楼阁高起,身着甲胄的8位乐手,跃马奔驰在回宫的路上。战鼓急促,铜鸣高昂,激情演奏……比例、景致,无一不是现实状况的白描。

再看回銮佐驾的炳灵公,所处的背景自成一体,乃是一幅完美的山水风景画。与宋真宗封禅的日子相符,这是一个严寒的冬天,画面色调冷峻,不免有肃杀之气,但饱经沧桑的古树老藤、峥嵘依旧的高山峻岭,仍不乏勃勃生机。在这一风光中,身不及寸的炳灵公出现,他身着大红袍服,与山水形成冷、暖色的强对比,犹如一片跳动的红叶,活力四射。

有山有水,有楼有亭,人物融于自然环境之中。壁画一改那种"人大于山,水不容泛"的局面,宗教的神秘属性在消退,自然现实在回归。时代变革下的审美关照,比任何时候都来得及时、惬意……

回銮图中的骑吹仪仗

回銮图中的炳灵公背景图

六、艺术与精神：心灵的共鸣　　279

人物印象：光影一瞥

泰山神	 炳灵王	 佑圣真人	 蒿里老人
 鬼卒	 执旗鬼卒	 驭象者	 驭象者
 跨象者	 驭狮者	 牵马者	 牵驼者
 学士	 学士	 迎驾文官	 迎驾文官

送驾文官	武将	迎驾武将	武士
金吾将	御驾者	执旗者	执伞盖者
献果瓜者	鼓吹者	鼓吹者	鼓吹者
扛交椅者	宫中侍童	宫中侍者	宫中侍者

结语

再回首

鼓吹声声，仍在空中回荡，泰山神出巡的队伍渐行渐远，启跸回銮的故事也就告一段落。我们对泰山文化的巡礼，也至尾声。站在山下，再次凝望泰山，纷纷暮雪，琼瑶匝地，泰山一夜白了头，又有了另一番模样。

孔子为了一个"礼"，颠沛流离，为此操劳了一辈子。泰山是礼的象征，是他一贯信守的理念，泰山祭祀容不得半点的冒犯。

司马迁欲为一部传世史书，遭受奇辱大耻，终于完成"究天人之际，通古今之变"的《史记》。而这"史家之绝唱"，特辟篇章著就《封禅书》，凝泰山之重。

青春李白，冲口而出的"天门一长啸，万里清风来"，是对泰山酣畅淋漓的告白，《游泰山六首》，填写着"诗仙"浪漫的履历。

老成杜甫，引吭高歌，一首《望岳》，成为"诗圣"走向诗坛最早的杰作。"一览众山小"，是他依托泰山胸襟博大的写照。

……

泰山自古就是中华文化的重要象征之一，被誉为"中国文化史的一个局部缩影"。打开奠定中华民族传统文化根基的经典——《十三经》，翻看中国的"正史"——《二十四史》，泰山总在字里行间跳动。"重于泰山""稳如泰山""泰山北斗"……数不清的成语典故，作为文化的特殊符号，融入每个中华儿女的血脉与灵魂之中。

"问渠哪得清如许，为有源头活水来。"泰山文化是一个精神的源泉，在漫长的历史延续中，成为中华民族精神的一个标识。"自强不息""厚德载物"，是中华民族文化传统的根本精神，也是泰山信仰的基石。故此，生生不息、厚德担当始终是泰山文化的核心。其凝聚力、向心力作用于时代的发展，是国家统一、昌盛的基本因素，已被历史反复证明。

自强不息、奋发有为，永远是一个新的起点。

时不我予，"天地转，光阴迫。一万年太久，只争朝夕"……

日日新　又日新

主要参考文献

一、洪荒与文明："歌未竟，东方白"

田明中、武法东、张建平：《泰山地质综合研究》，山东人民出版社，2018年。

谢凝高：《泰山，人类的珍贵遗产》，《泰山研究论丛》（二），青岛海洋大学出版社，1990年。

杨子范：《山东宁阳县堡头遗址清理简报》，《文物》1959年第10期。

山东省文物考古研究所编著：《山东20世纪的考古发现和研究》，科学出版社，2005年。

夏鼐：《碳-14测定年代和中国史前考古学》，《考古》1977年第4期。

山东省文物管理处等编：《大汶口——新石器时代墓葬发掘报告》，文物出版社，1974年。

山东省文物考古研究所编：《大汶口续集——大汶口遗址第二、三次发掘报告》，科学出版社，1997年。

高广仁、邵望平：《海岱文化与齐鲁文明》，江苏教育出版社，2005年。

王树明：《双墩碗底刻文与大汶口陶尊文字》，《中原文物》2006年第2期。

房振、郭俊峰、颜奕：《山东宁阳于庄东南遗址发现""符号大口尊》，《中国文物报》2020年3月6日第8版。

于省吾：《关于古文字研究的若干问题》，《文物》1973年第2期。

唐兰：《关于江西吴城文化遗址与文字的初步探索》，《文物》1975年第7期。

［瑞典］林西莉著，李之义译：《汉字王国——讲述中国人和他们的汉字的故事》，山东画报出版社，1998年。

成寅：《中国神仙画像集》，上海古籍出版社，1996年。

郑振坤：《镂雕象牙梳图象与"易"及养生》，《体育文史》1989年第3期。

逄振镐：《论原始八卦的起源》，《北方文物》1991年第1期。

郑州市博物馆发掘组：《谈谈郑州大河村遗址出土的彩陶上的天文图象》，《河南文博通讯》(《中原文物》)1978年第1期。

冯时：《河南濮阳西水坡45号墓的天文学研究》，《文物》1990年第3期。

刘慧、徐存凤：《大汶口文化獐牙习俗考略》，《民俗研究》1998年第3期。

二、神圣与谦卑：自尊、自信、自强

［汉］许慎撰：《说文解字》，中华书局，1963年。

［汉］许慎撰，［清］段玉裁注：《说文解字注》，上海古籍出版社，1988年。

［魏］王弼注，［唐］孔颖达疏，卢光明、李申整理，吕绍刚审定：《十三经注疏·周易正义》（整理本），北京大学出版社，2000年。

［汉］司马迁撰，［宋］裴骃集解，［唐］司马贞索隐，［唐］张守节正义：《史记》（简体字本），中华书局，2000年。

［清］聂鈫撰：《泰山道里记》，《泰山文献集成》第九卷，泰山出版社，2005年。

［清］元玉撰：《石堂集》卷三《与三堂隐君书》，清康熙刻本。

［明］查志隆编著，孟昭水点校：《岱史》卷九《灵宇纪》，山东人民出版社，2019年。

叶涛：《泰山石敢当》，浙江人民出版社，2007年。

三、冲突与融合：认知价值的嬗变

任继愈：《天人之际》，上海文艺出版社，1998年。

高广仁、邵望平：《海岱文化与齐鲁文明》，江苏教育出版社，2005年。

李零：《中国方术续考》，东方出版社，2001年。

顾颉刚：《秦汉的方士与儒生》，上海古籍出版社，2005年。

［明］施耐庵著，［清］金人瑞评，刘一舟校点：《水浒传》第七十四回《燕青智扑擎天柱　李逵寿张乔坐衙》，齐鲁书社，1991年。

陈鼓应注译：《庄子今注今译》，中华书局，1983年。

［明］查志隆编著，孟昭水点校：《岱史》卷十八《登览志》，山东人民出版社，2018年。

［清］唐仲冕辑，张玉胜点校：《岱览》，山东人民出版社，2023年。

［清］胡聘之撰：《山右石刻丛编》，山西人民出版社，1988年。

薛瑞兆：《金代神庙舞台碑记》，《江苏大学学报》（社会科学版）2016年第3期。

王东全编：《三晋石刻大全·临汾市蒲县卷》，三晋出版社，2013年。

张岱年：《张岱年全集》（7），河北人民出版社，1996年。

李悦：《冯友兰：一个"中国特色"的哲学家如何思考世界》，《中国青年报》2023年4月18日第11版。

四、生命与尊严：人本精神的回归

燕燕燕：《滕州西户口一号、二号祠堂画像石中榜题图像考》，《中国汉画学会第十三届年会论文集》，中州古籍出版社，2011年。

陈秀慧：《滕州祠堂画像石空间配置复原及其地域子传统》（下），《中国汉画研究》（第四卷），广西师范大学出版社，2010年。

［汉］应劭撰，王利器校注：《风俗通义校注》，中华书局，2010年。

李希奇：《翰林官员说泰山神是少昊的故事》，录自1997年《泰山庙会》的采访记录（未刊稿），李希奇先生时年88岁。采访者：刘慧、周庆超等。

［唐］房玄龄等撰：《晋书·隐逸·张忠传》（简体字本），中华书局，2000年。

［后晋］刘昫等撰：《旧唐书·隐逸·王希夷传》（简体字本），中华书局，2000年。

泰安市地方史志办公室编：《泰安五千年大事记》，山东省地图出版社，2001年。

毛泽东：《毛泽东自述》（增订本），人民出版社，2023年。

景中译注：《列子·汤问篇》，中华书局，2007年。

王玉林、张玉胜编著：《泰山挑山工》，山东人民出版社，2018年。

冯骥才：《泰山挑山工纪事》，作家出版社，2014年。

习近平：《推进党的建设新的伟大工程要一以贯之》，《求是》2019年第19期。

五、礼制与世俗：祭祀的流变

陕西省考古研究院：《陕西凤翔发现秦国国君和西汉皇帝亲临主祭的国家大型祭天场所》，《中国文物报》2016年12月9日第1版。

田天：《秦汉国家祭祀史稿》，生活·读书·新知三联书店，2015年。

袁明：《山东泰安发现古代铜器》，《文物参考资料》（《文物》）1954年第7期。

李零：《东更道七器的再认识》，《中国国家博物馆馆刊》2017年第10期。

[清]金棨辑，陶莉、赵鹏点校：《泰山志》，山东人民出版社，2019年。

[明]汪子卿撰，孟昭水点校：《泰山志》，山东人民出版社，2020年。

[清]唐仲冕辑，张玉胜点校：《岱览》，山东人民出版社，2023年。

[金]张玮撰：《大金集礼》卷三十四《岳镇海渎·杂录》，《广雅书局丛书》本。

[明]张岱：《陶庵梦忆》，浙江古籍出版社，2018年。

田芬：《17世纪以来西方人眼中的泰山》，山东大学出版社，2021年。

[明]刘侗、于奕正著，孙小力校注：《帝京景物略》，上海古籍出版社，2001年。

叶涛：《泰山香社研究》，上海古籍出版社，2009年。

六、艺术与精神：心灵的共鸣

李继生：《古老的泰山》，新世界出版社，1987年。

米运昌：《泰山古今》，东方出版社，1991年。

[明]查志隆编著，孟昭水点校：《岱史·灵宇纪》，山东人民出版社，2019年。

[唐]释道世撰，周叔迦、苏晋仁校注：《法苑珠林校注》，中华书局，2003年。

钟敬文：《葫芦是人文瓜果——在96民俗文化国际研讨会上的讲话》，《民俗研究》1996年第4期。

占昌赣：《清乾隆金釉瓷法轮管窥》，《陶瓷研究》2019年第34卷第2期。

张婧文：《元明清组合式陶瓷供佛器研究》，《中原文物》2017年第5期。

[北魏]郦道元著，陈桥驿校证：《水经注校证·汶水》，中华书局，2007年。

图书在版编目（CIP）数据

泰山岩岩：泰山与中华文化 / 刘慧著 . -- 济南：山东人民出版社, 2025.3. -- ISBN 978-7-209-15616-5

Ⅰ . K928.3

中国国家版本馆 CIP 数据核字第 2025P8A095 号

责任编辑：刘　晨
　　　　　张艳艳
　　　　　刘一星
装帧设计：蔡立国

泰山岩岩：泰山与中华文化
TAISHAN YANYAN：TAISHAN YU ZHONGHUA WENHUA

刘　慧　著

主管单位	山东出版传媒股份有限公司
出版发行	山东人民出版社
出 版 人	胡长青
社　　址	济南市市中区舜耕路517号
邮　　编	250003
电　　话	总编室（0531）82098914
	市场部（0531）82098027
网　　址	http://www.sd-book.com.cn
印　　装	山东华立印务有限公司
经　　销	新华书店
规　　格	16开（180mm×260mm）
印　　张	19.5
字　　数	260千字
版　　次	2025年3月第1版
印　　次	2025年3月第1次

ISBN 978-7-209-15616-5

定　　价　96.00元

如有印装质量问题，请与出版社总编室联系调换。